実践 情報リテラシー

基礎から応用まで

Microsoft® Office 2010・2013・2016 対応

[監修] 淺間 正通 Asama Masamichi
[編著] 前野 博 Maeno Hiroshi
[著] 小川 勤 Ogawa Tsutomu
中村 真二 Nakamura Shinji
西岡 久充 Nishioka Hisamitsu
復本 寅之介 Fukumoto Toranosuke
村田 幸則 Murata Yukinori

同友館

はしがき

　前書「PBL スタイル 情報リテラシーテキスト」刊行から 5 年以上が経過し、ICT を取り巻く状況もまた大きく変化してきました。

　ICT 分野での話題の中心は、かつての PC やモバイル通信から昨今はロボットや AI を中心とした新たな技術や製品、サービスなどへと移り変わってきています。また、インターネットの利用環境もその中心は PC からスマートフォンへと変わり、それに伴って情報機器の操作方法も、キーボードやマウスが主であったのが、昨今ではタッチパネルによることも多くなってきています。将来的には音声認識などを中心とした、より直感的で直截的なものへと変わっていくようなことがあるかも知れません。したがって、現在、教室に置かれている PC やそこで使用するソフトウェア技術についても、それらが今後も永続的に活用され、いま学んでいる内容がそのまま将来も役にたつという保証はありません。

　しかしながら、時代を経てもおそらく変わっていくことはないと考えられることもあります。

　例えば、学修や仕事における問題解決への基本的な手順です。即ち、問題の認識→解決方法の策定→情報の収集（どのような情報をどこから得るか）→情報の精査という手順を経て、得た情報をいかに活用していくべきかを熟考し、その活用の方法とそれに適した手段を選択していく、というような流れがその一つとして挙げられます。

　そこでは、細かい手段や活用する技術は変化または進化しつつも、基本的なプロセスには普遍性があります。また、その上で不足している知識やスキルを新たに学んでいくという行動にも普遍性が認められます。そして、これらを文脈として自然に行えることは、社会人基礎力にも通底し、時代を問わず全ての人が身につけておくべき基本的能力とも言えるでしょう。

　そこで本書では、前書と同様に PBL スタイルの学修、即ち、学修者自身による課題の認識と解決という手順を踏みながら、操作を単に順を追って真似するのではなく、課題解決に必要な情報と方法は自ら探索・選択し、その上で新たな知識や技術を獲得していけることを目指していきます。

　そのために、次ページにあるようなストーリーに基づき、問題解決を目指した実践的な演習課題を順に実施していきます。課題への取り組みにあたっては、グループで実際に企画を考え、役割を分担しながら協力して提案書や資料を作成することで、アクティブ・ラーニング形式での学修へと発展させることも可能です。

　次の 5 年後、さらには10年後に、ICT 環境がどのように変化しているかを正しく予想することは容易ではありませんが、本書と共に情報リテラシーを学んだ方たちが、その時それぞれの場所において、技術的変化に翻弄されることなく、逆にそれらを最大限活用しながら一層活躍されていることを願って止みません。

前野　博

演習ストーリー

　あなたが通う学校では、今年もまた学園祭の時期がやってきます。あなたは学園祭実行委員会の広報委員として学園祭の成功を目指し、PC やインターネットを活用した新たな運営や広報のあり方について提案しなくてはなりません。そのためにまず、どのような方法を用いて広報活動を行うのが最も効果的であるかについて調査・分析し、その結果に基づいた企画をレポートとしてまとめることになりました。さらに、学園の人たちの理解と協力を得ながら共に企画を成功させる目的をもって、実行委員会でプレゼンテーションを実施します。

演習の流れ

　上記演習ストーリーに基づき、演習は次のような流れで進んでいきます。

第1章：PC 基本操作復習と学園祭実行委員会案内文の作成　　文字入力と文書の保存
⇩
第2章：案内文を電子メールに添付して送付　　電子メールの送受信
⇩
第3章：ネットワークの利用実態に関する情報収集　　インターネットを活用した情報検索・収集
⇩
第4章：ネットワーク・コミュニケーションに関する資料を読み、要約　　ワープロを使った文章入力
⇩
第5章：収集した情報を元に提案書の文章作成　　ワープロを使った文書作成の基礎
⇩
第6章：収集した情報をさらに整理、分析　　表計算ソフトを使ったデータ分析
⇩
第7章：5章の文章と6章の分析結果を使用して提案書を完成　　ワープロを使った図表を含むレイアウトの作成
⇩
第8章：既出データを使用した PowerPoint データ作成とプレゼン　　プレゼンテーションの基礎
⇩
第9章：提案書に基づいた携帯サイトの構築、LMS 活用　　Web サイトの作成と Web を活用した学習

本書の活用方法について

　本書は、授業でテキストとして使用されることを念頭に編まれていますが、個人で各々の情報活用スキルの向上に役立てられるという狙いも込められています。その上、様々な種類やヴァージョンのソフトウェアが導入された学習環境にも対応できるように配慮されています。そのため、「本編」においては詳しい操作方法にはあえて触れずに、どのような課題にどのような順序で取り組んでいくかを中心に述べています。

　各課題は演習ストーリーに基づいて順を追って実施され、文章や図表など様々なデータが次々と蓄積されていきます。そして、最終的にはこれらのデータを活用しながら成果物としてレポートやプレゼンテーション資料を完成させていきますが、そこまでの過程で大方の情報リテラシーが自然に身に付くように構成されています。

　操作の具体的な方法については、「本編」とは別の「操作編」において各操作環境別に記載し、それらを相互に参照する形式を採用しました。

　本編欄外に 操作手順 と記載されたページをたどると、その課題の実施に必要な操作方法が上記「操作編」に詳述されています。したがって使用しているヴァージョンのアプリケーションに関する操作説明部分を別冊として取り外しておけば、操作ガイド（サブテキスト）として容易に参照することができ、操作に行き詰まったとしてもすぐに解決することが可能です。

　さらに、各演習で使用するいくつかのデータやサポート情報等は、次のURLから入手することができます。

　　　　　　　　http://www.doyukan.co.jp/store/item_052729.html

　最初からすべてのデータを自分で入力しても良いですが、限られた時間内で効率的な学習を進めたい場合に、これらのデータを御活用下さい。

本書で使用されているアイコンの意味

キーワード ： 知っておいた方が良い概念や言葉をピックアップしています。自ら調べるなどして、意味を理解しておきましょう。

重要ポイント ： 操作等でおさえておくべきことがらを示しています。

ヒント ： 知っていれば作業をより効率的に進められる機能や操作を紹介しています。

目　次

はしがき i

[本編]

第1章　基本操作の確認 1
1－1　PCの起動と終了 2
1－2　マウスを使ったウィンドウ操作 3
1－3　メモの入力と保存 5
1－4　ファイルとフォルダの管理 7

第2章　電子メールの利用 9
2－1　メールの基礎知識 10
2－2　電子メールの送信 11
2－3　電子メールの受信 13
2－4　添付ファイルの送信 15

第3章　情報の収集と活用 19
3－1　Webブラウザを使用して情報を探してみよう 20
3－2　見つけた情報を活用しよう 24

第4章　ワープロを使用した文章の構成 33
4－1　資料を読んで重要な部分はどこか考えてみよう 34
4－2　資料を読んでアウトラインを作成しよう 35
4－3　アウトラインから資料の要約文を作成しよう 38

第5章　レポートの作成 41
5－1　アウトラインを作成しよう 42
5－2　本文を作成しよう 44

第6章　情報の整理と分析 49
6－1　表計算ソフトを使用してデータを整理しよう 50
6－2　表計算ソフトを使用してグラフを作成しよう 55
6－3　基礎統計量 58

第7章　レポートの完成 61
7－1　レイアウトの設定 62
7－2　グラフ、表、図の挿入 65
7－3　脚注、表紙、目次を作成し、レポートを完成させよう 67

第8章　プレゼンテーション 73
8－1　プレゼンテーション資料を作成しよう 74

8－2　プレゼンテーションを実施しよう　　80

第9章　ネットワークを活用したコミュニケーションと学習　　87
9－1　インターネットを活用した情報発信　　88
9－2　その他の方法による情報発信　　92
9－3　Learning Management System（Moodle）を使用した学習とコミュニケーション　　92

あとがき　　97

［ 操 作 編 ］

操作－1　基本操作の確認　　105
1－1　PCの起動と終了　　105
　○PCの起動 105　○PCの終了 106
1－2　マウスを使ったウィンドウ操作　　107
　○マウスの基本操作 107　○ウィンドウの基本操作 107
1－3　メモの入力と保存　　108
　○いろいろな操作の方法 108
1－4　ファイルとフォルダの管理　　109
　○フォルダの作成 109　○フォルダやファイル名の変更 109　○ファイルの複製 109
　○ファイルの移動 110

操作－2　電子メールの利用　　111
2－1　Windowsメール　　111
　○メールの起動 111　○新規メールの作成 111　○宛先の入力 112　○受信メールの確認 112
　○メールの返信 113　○メールの削除 114　○添付ファイルの挿入 114
2－2　Microsoft Outlook　　114
　○Microsoft Outlookの起動 114　○メール（メッセージ）の作成 115　○宛先の入力 116
　○受信メールの確認 116　○メールの返信 117　○メールの削除 117　○添付ファイルの挿入 118
2－3　Webメールサービス　　118
　○Gmailへのアクセス 118　○新規メールの作成 119　○宛先の入力 120
　○受信メールの確認 120　○メールの返信 121　○メールの削除 121　○添付ファイルの挿入 121

操作－3　WWWブラウザの操作　　123
3－1　Internet Explorer　　123
　○URL（アドレス）の入力 123　○お気に入りの登録 123　○お気に入りの編集 123
　○Webページの保存 124　○データ（画像）の保存 124　○データ（テキスト）の保存 125

操作－4　Microsoft Office 2010の操作　　127
4－1　MS Word 2010　　127
　○MS Wordの起動 127　○本文の入力（改行、改ページ）127
　○書式設定（フォント、文字サイズ、文字修飾）127　○文書の保存 128　○新規文書の作成 129
　○表示の切り替え 130　○アウトラインの操作 130　○ページ設定 132　○印刷 134

○段組み 135　○インデント、タブ、段落書式 136　○ヘッダーとフッター 137　○ページ番号 138
○グラフの挿入 139　○図版の挿入（図形、クリップアート、ファイル、ワードアート）141
○図の書式設定 144　○図の順序の設定（複数図版の前後関係）146　○図の移動 147
○表の挿入（MS Word で作表）147　○表の挿入（MS Excel で作表）147
○表内の書式設定（文字の配置）148　○表内の書式設定（塗りつぶしの色）148
○表内の書式設定（セルの結合）149　○図表番号 149　○脚注 150
○箇条書きと段落番号の設定 150　○セクション区切り 151　○目次（自動作成）152
○目次の更新 153　○引用文献の作成 153　○文献目録の挿入 154

4－2　MS Excel 2010 ··· 155

○MS Excel の起動 155　○データ、計算式の入力 155　○セルのコピー 155
○新規ブックの作成 156　○ワークシートの選択 156　○ワークシートの挿入 157
○ワークシートの移動、コピー 157　○ワークシート名の変更 158　○ワークシートの削除 158
○関数の入力 158　○主な関数 159　○罫線の設定（簡易設定）160　○罫線の設定（詳細設定）160
○セルの書式設定（フォント等）161　○CSV や Text ファイルの読み込み 161
○三項移動平均 163　○グラフ作成 163　○グラフの編集 164　○グラフ書式の設定操作例 164
○ヒストグラムの作成 165　○ブックの保存 167

4－3　MS PowerPoint 2010 ··· 168

○MS PowerPoint の起動 168　○スライドのデザインの設定 168　○タイトルスライドの作成 169
○スライドの挿入 169　○スライドのレイアウト 169　○テキストの入力 170　○図版の挿入 170
○スライドの一覧表示 171　○スライドの削除 171　○画面の切り替え効果 171
○プレゼンテーション（スライドショー）の開始 172　○配布資料の作成 172

操作－5　Microsoft Office 2013の操作 ··· 173

5－1　MS Word 2013 ··· 173

○MS Word の起動 173　○本文の入力（改行、改ページ）173
○書式設定（フォント、文字サイズ、文字修飾）173　○文書の保存 174　○新規文書の作成 175
○表示の切り替え 176　○アウトラインの操作 176　○ページ設定 178　○印刷 180　○段組み 181
○インデント、タブ、段落書式 182　○ヘッダーとフッター 183　○ページ番号 184
○グラフの挿入 185　○図版の挿入（図形、オンライン画像、ファイル、ワードアート）187
○図の書式設定 190　○図の順序の設定（複数図版の前後関係）192　○図の移動 192
○表の挿入（MS Word で作表）193　○表の挿入（MS Excel で作表）193
○表内の書式設定（文字の配置）194　○表内の書式設定（塗りつぶしの色）194
○表内の書式設定（セルの結合）194　○図表番号 195　○脚注 195
○箇条書きと段落番号の設定 196　○セクション区切り 197　○目次（自動作成）198
○目次の更新 200　○文献目録の作成 200　○文献目録の挿入 201

5－2　MS Excel 2013 ··· 201

○MS Excel の起動 201　○データ、計算式の入力 202　○セルのコピー 202
○新規ブックの作成 202　○ワークシートの選択 203　○ワークシートの挿入 203
○ワークシートの移動、コピー 203　○ワークシート名の変更 204　○ワークシートの削除 204

○関数の入力 205　○主な関数 206　○罫線の設定（簡易設定）206　○罫線の設定（詳細設定）207

○セルの書式設定（フォント等）208　○CSV や Text ファイルの読み込み 208

○三項移動平均 210　○グラフ作成 211　○グラフの編集 211　○グラフ書式の設定操作例 212

○ヒストグラムの作成 213　○ブックの保存 215

5-3　MS PowerPoint 2013　…………………………………………………………………… 216

○MS PowerPoint の起動 216　○スライドのテーマの設定 216　○タイトルスライドの作成 216

○スライドの挿入 217　○スライドのレイアウト 217　○テキストの入力 218　○図版の挿入 218

○スライドの一覧表示 218　○スライドの削除 219　○画面の切り替え効果 219

○プレゼンテーション（スライドショー）の開始 219　○配布資料の作成 220

○プレゼンテーションの保存 220

操作-6　Microsoft Office 2016の操作　………………………………………………………… 223

6-1　MS Word 2016　………………………………………………………………………… 223

○MS Word の起動 223　○本文の入力（改行、改ページ）223

○書式設定（フォント、文字サイズ、文字修飾）223　○文書の保存 224　○新規文書の作成 225

○表示の切り替え 226　○アウトラインの操作 226　○ページ設定 228　○印刷 230　○段組み 231

○インデント、タブ、段落書式 232　○ヘッダーとフッター 233　○ページ番号 235

○グラフの挿入 235　○図版の挿入（図形、オンライン画像、ファイル、ワードアート）237

○図の書式設定 241　○図の順序の設定（複数図版の前後関係）243　○図の移動 243

○表の挿入（MS Word で作表）244　○表の挿入（MS Excel で作表）244

○表内の書式設定（文字の配置）245　○表内の書式設定（塗りつぶしの色）245

○表内の書式設定（セルの結合）245　○図表番号 245　○脚注 246

○箇条書きと段落番号の設定 247　○セクション区切り 248　○目次（自動作成）248

○目次の更新 249　○文献目録の作成 250　○文献目録の挿入 251

6-2　MS Excel 2016　………………………………………………………………………… 251

○MS Excel の起動 251　○データ、計算式の入力 251　○セルのコピー 252

○新規ブックの作成 252　○ワークシートの選択 253　○ワークシートの挿入 253

○ワークシートの移動、コピー 253　○ワークシート名の変更 254　○ワークシートの削除 254

○関数の入力 255　○主な関数 256　○罫線の設定（簡易設定）256　○罫線の設定（詳細設定）257

○セルの書式設定（フォント等）258　○CSV や Text ファイルの読み込み 258

○三項移動平均 260　○グラフ作成 260　○グラフの編集 261　○グラフ書式の設定操作例 261

○ヒストグラムの作成 263　○ブックの保存 264

6-3　MS PowerPoint 2016　………………………………………………………………… 265

○MS PowerPoint の起動 265　○スライドのデザインの設定 265

○タイトルスライドの作成 266　○スライドの挿入 266　○スライドのレイアウト 267

○テキストの入力 267　○図版の挿入 268　○スライドの一覧表示 268　○スライドの削除 268

○画面の切り替え効果 268　○プレゼンテーション（スライドショー）の開始 269

○配布資料の作成 269　○プレゼンテーションの保存 270

第1章
基本操作の確認

　まず、これからの一連の作業で必要となるPC（パーソナルコンピュータ）についての基本操作を確認します。ここでは、操作の手順を学ぶのみならず、なぜその操作が必要なのか、もっと効率的な操作方法はないのか、などについても考えてみましょう。操作についての概念や必要性を理解しながら技術を身につけることで、さまざまな操作をより容易かつ効率的に進められるようになります。

　その上で、学園祭実行委員会開催の案内文を作成します。

1-1 PC の起動と終了

PC の起動から終了までの手順を確認します。また、PC の各部名称、画面の各部名称をあわせて学びます。

キーワード
ディスプレイ
モニタ
USB ポート

● PC の各部名称を確認

図1-1-1　いろいろな形の PC

キーワード
OS

● PC 本体の電源ボタンを押して、PC を起動

重要ポイント
[Ctrl] ＋ [Alt] ＋ [Delete]

● サインイン画面に切り替え、ユーザー情報を入力

図1-1-2　ログオン画面

操作手順
☞ p.105

キーワード
ログオン
ユーザーアカウント

※ PC の設定などにより、サインイン時の切り替え操作が不要な場合もあります。

第1章　基本操作の確認

●画面の各部名称を確認

図1-1-3　デスクトップ画面

キーワード
デスクトップ
アイコン
スタートボタン
ウィンドウ
ゴミ箱
タスクバー

操作手順
☞ p.106

●スタートボタンから、PCを終了

図1-1-4　終了方法の選択画面

キーワード
シャットダウン
サインアウト
ログオフ
再起動

1-2　マウスを使ったウィンドウ操作

　PCでの操作の基本となる、マウスの操作方法を確認します。また、マウスによる操作の概念をあわせて学びます。そして、マウスを使ってウィンドウの操作を確認します。

キーワード
左ボタン
右ボタン
スクロールホイール
タッチパッド（ノートPC）

003

重要ポイント
Ctrl ＋ クリック
Shift ＋ クリック

● マウスの基本操作

図1-2-1　基本的なマウス操作

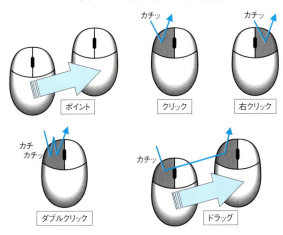

 操作手順
☞ p.107

 キーワード
タスクバー
プログラムボタン
デスクトップの表示
アクティブウィンドウ

 キーワード
サイズ変更
最小化
最大化
元に戻す
閉じる

● ウィンドウの基本操作

図1-2-2　基本的なウィンドウ操作

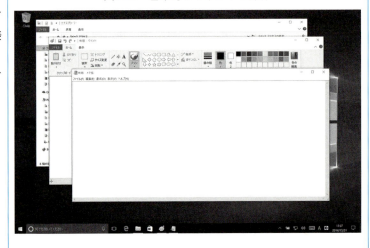

操作手順
☞ p.107

1-3 メモの入力と保存

🔑 キーワード
テキストエディタ

学園祭実行委員会の開催について知らせたい内容を「メモ帳」を使用してまとめます。

図1-3-1　学園祭実行委員会開催案内文の例

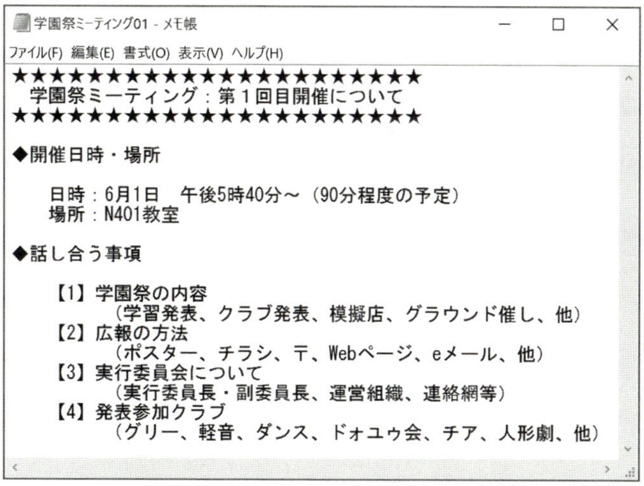

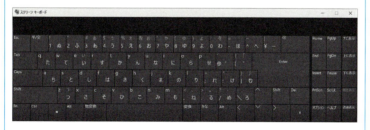

学園祭ミーティング01 - メモ帳
ファイル(F) 編集(E) 書式(O) 表示(V) ヘルプ(H)

★★★★★★★★★★★★★★★★★★★★★★
　学園祭ミーティング：第１回目開催について
★★★★★★★★★★★★★★★★★★★★★★

◆開催日時・場所

　　日時：6月1日　午後5時40分～（90分程度の予定）
　　場所：N401教室

◆話し合う事項

　　【1】学園祭の内容
　　　　（学習発表、クラブ発表、模擬店、グラウンド催し、他）
　　【2】広報の方法
　　　　（ポスター、チラシ、テ、Webページ、eメール、他）
　　【3】実行委員会について
　　　　（実行委員長・副委員長、運営組織、連絡網等）
　　【4】発表参加クラブ
　　　　（グリー、軽音、ダンス、ドォユゥ会、チア、人形劇、他）

メモ帳を起動

メモ帳

🔑 キーワード
アプリケーション・ソフトウェア

キーボードの各部名称の確認

🔑 キーワード
ファンクションキー

テンキー

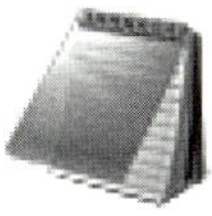

図1-3-2　キーボード図（スクリーンキーボード）

例文の入力

図1-3-3　言語バー

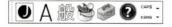

🔵 文章の編集

データのコピーや移動の方法を覚えて、効率よく文章を編集する方法を考えてみましょう。

図1-3-4　編集メニュー

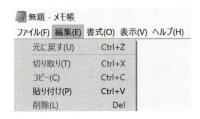

🔵 いろいろな操作の方法

- メニューバー
- マウスの右クリック
- ツールバーのボタン
- キーボード
- 音声

🔵 「名前を付けて保存」でファイルを保存

ファイルを保存する際には、右の3つの項目を必ず確認します。

- ファイル名
- ファイルの保存場所
- ファイルの種類

図1-3-5　名前を付けて保存

🔵 メモ帳の終了

重要ポイント
BackSpace
Delete
選択削除

キーワード
切り取り
コピー
貼り付け
元に戻す

ヒント
操作を間違えた時などは、次の操作を行う前に「元に戻す」機能を使い、間違える前の状態に戻しましょう。

キーワード
キーボード・ショートカット
コンテキストメニュー
ツールバー

キーワード
上書き保存

操作手順 p.108

第1章 基本操作の確認

1-4 ファイルとフォルダの管理

たくさんのファイルの中から目的のファイルを効率よく探し出すには、フォルダ等を活用してファイルを整理・分類する工夫が必要です。そこで、ファイルとフォルダを管理する方法について学びます。

操作手順 ☞ p.109

● フォルダの作成

図1-4-1 右クリックによるフォルダ作成

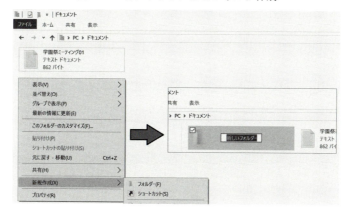

キーワード
名前の変更
ディレクトリ
階層構造

図1-4-2 階層構造によるファイル管理

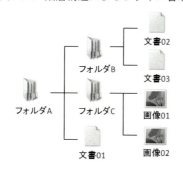

007

ヒント
関連するファイルやウィンドウを閉じた状態で編集しましょう。

ヒント
フォルダのコピー・移動・削除ではフォルダ内のファイルやフォルダも同時に編集されます。

●ファイルとフォルダの編集操作
・名前の変更
・コピー
・移動
・削除

操作手順 ☞ p.109

図1-4-3　ファイルのコピー

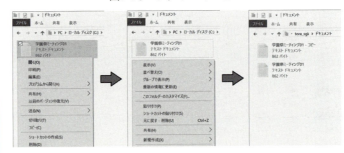

操作手順 ☞ p.109

図1-4-4　フォルダ間の移動・コピー

操作手順 ☞ p.110

キーワード
リムーバブルディスク
USBドライブ

● USBメモリの利用

USBメモリを利用することで、PCで作成したデータを複製して容易に持ち運ぶことができます。

図1-4-5　PCに表示されたUSBメモリ

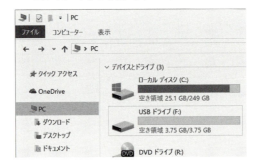

第2章
電子メールの利用

　学園祭実行委員会のメンバー間で自己紹介や今後の予定などについての連絡を取り合います。ここでは、それらを電子メールを利用して行う方法や、受け取ったメールの管理について学びます。

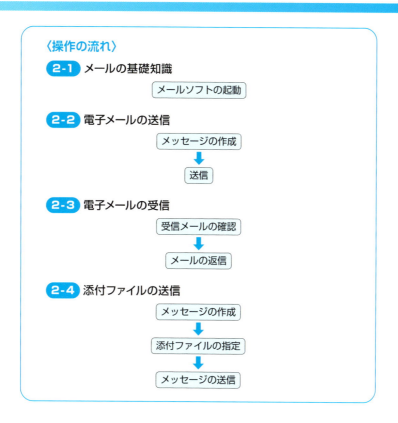

2-1 メールの基礎知識

　メールの送受信にはメールソフト（メーラー）や Web メールサービスが必要です。ここではまず、メールソフトを起動し、各部の名称や機能を覚えましょう。

● メールソフトの起動

操作手順
Windows メール
　　☞ p.111
Outlook
　　☞ p.114
Gmail
　　☞ p.118

図2-1-1　Microsoft Office Outlook

コラム　個人情報管理ソフトとしてのメーラー

　Microsoft Office Outlook などメールソフトの中には、個人情報管理（PIM）ソフトウェアとして位置づけられるものがあります。それらの多くは、電子メール機能の他に、予定表・連絡先管理・仕事管理・メモなどの機能を兼ね備えています。

コラム　インターネットメールの送受信の流れ

　電子メール（インターネットメール）は、自分の PC から送信相手の PC に直接送られているわけではありません。「メールサーバ」を介して電子メールの送受信が行われているのです。
　現在広く使われているメールサーバには、SMTP サーバと POP サーバがあります。インターネットを介して送り手の PC から送信されたメールは、まず SMTP

第2章 電子メールの利用

（Simple Mail Transfer Protocol）サーバに送られます。そこからさらにインターネット網を通して相手のPOP（Post Office Protocol）サーバへ送られ、ここで蓄積されます。一方、メールを受信する側は、POPサーバからインターネットを介して、自分のPCのメーラーにメールを受け取り、その上でメールを読みます。この仕組みは、携帯電話のメールでも基本的には同じです。

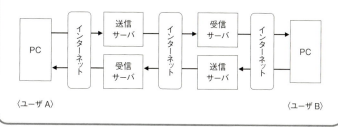

2-2 電子メールの送信

メッセージの作成と送信を行います。

操作手順
Windows メール
☞ p.111
Outlook
☞ p.115
Gmail
☞ p.119

● メッセージの作成

図2-2-1 メール作成

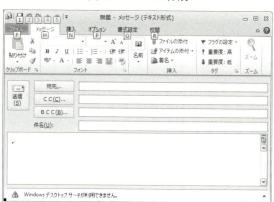

011

ヒント

あらかじめメールアドレスをアドレス帳に登録しておくと、メールアドレスを毎回入力する手間が省けて便利です。多くのメーラーでは、受信したメールに記載された送信者のメールアドレスをアドレス帳に容易に取込む方法が用意されています。

● 宛先の入力

図2-2-1の宛先欄へ送信先アドレスを入力します。アドレスの入力には、キーボードから直接入力する方法とアドレス帳を利用する方法があります。

図2-2-2　アドレス帳

操作手順

Windows メール
☞ p.112
Outlook
☞ p.116
Gmail
☞ p.120

コラム　メールアドレス

郵便のやり取りに住所が必要なように、電子メールの送受信をする際には「メールアドレス」が必要です。インターネットのメールアドレスは以下のような要素で成り立っています。

<u>abcde</u>　@　<u>xyz</u>　.　<u>daigaku</u>　.　<u>ac</u>　.　<u>jp</u>
　①　　　　　②　　　　③　　　　　④　　　⑤
　　　　　　　　　　　ドメイン名

①ローカルパート：個人を識別するユーザ名等
②第４レベルドメイン：サブドメイン名等
③第３レベルドメイン：組織名等
④第２レベルドメイン：属性等
⑤トップレベルドメイン：国等

第2章　電子メールの利用

操作手順

Windows メール
　☞ p.111
Outlook
　☞ p.115
Gmail
　☞ p.119

● 作成したメッセージの送信

図2-2-3　送信メール（文字入力済み）

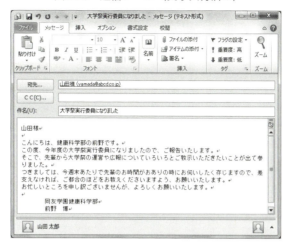

コラム　CC と Bcc

　宛先には、宛先・CC（Carbon Copy：カーボンコピーの略）・Bcc（Blind Carbon Copy：ブラインドカーボンコピー）などがあります。また、CC は「同報」と表現される場合があります。CC も Bcc の受信者には宛先で指定された受信者へのメールと同じ内容のメッセージや添付ファイルが送信されます。ただし、CC には受信者が受け取ったメールの宛先欄に他の同報送信先も表示されるのに対して、Bcc は受信者自身以外の送信先が表示されません。

2-3　電子メールの受信

　受信したメールの確認を行い、受け取ったメールに対する返信メールを作成します。

受信したメールを分類して整理しておくと素早く探すことができます。

キーワード
振り分け

● 受信メールの確認

図2-3-1　受信メール

操作手順
Windows メール
　　☞ p.112
Outlook
　　☞ p.116
Gmail
　　☞ p.120

● メールの返信

図2-3-2　返信メール

※返信するメールでは、受け取ったメールの内容から引用する場合、その部分の各行冒頭に「＞」が付記されることがあります。
※受信したメールを転送し、情報を共有することもあります。

操作手順
Windows メール
　　☞ p.113
Outlook
　　☞ p.117
Gmail
　　☞ p.121

第2章　電子メールの利用

● メールの削除

操作手順
Windows メール
☞ p.114
Outlook
☞ p.117
Gmail
☞ p.121

🔑 キーワード
ごみ箱

2-4 添付ファイルの送信

1-3 で作成したミーティングの案内文を添付ファイルとして送信します。

● メッセージの作成

● 添付ファイルの指定

図2-4-1　添付ファイル設定（添付ファイル選択）

操作手順
Windows メール
☞ p.114
Outlook
☞ p.118
Gmail
☞ p.121

● メッセージの送信

015

> **コラム** 電子メールのマナー
>
> 　LINEをはじめとしたSNSの普及により、日常生活において電子メールを利用する機会は以前よりも少なくなりました。しかし、ビジネスなどにおいては、電子メールは連絡や報告に欠かせない重要なツールとなります。相手の都合に関わりなく手軽に送信できる反面、相手への配慮を怠ると思わぬ誤解などを招き、仕事上の差し障りのみならず、後々の人間関係へも影響する場合があります。したがって、思慮深い言葉の選択や文章作成に心掛けるとともに、送信する前には必ず読み返すなどして、相手の立場に立ったメールの送受信を心がけましょう。
>
> 　《基本のマナー》
> 　1）宛先は正確に入力し、必ず確認する。
> 　2）件名は必ず入力し、具体的な内容がわかるようにする。
> 　3）挨拶は短く、内容は簡潔に読みやすくする。
> 　4）誰が送ったかがわかるように、必ず署名を入れる。
> 　5）送信前にもう一度、宛先・内容を確認する。
> 　補足）アドレスの登録名（例："○○様"〈○△□@～.com〉の" "内部分）はメール受信先において宛先として表示されます。登録や送信先入力の際には敬称を用いるなど相手に失礼のないよう配慮しましょう。

第2章　電子メールの利用

> **コラム**　電子メールと SNS について
>
> 　SNS（Social Networking Service）はコミュニケーションツールとして多くの人に利用されるようになりました。情報発信のツールとして多数の写真や動画をはじめとした様々なデータをアップロードできたり、古い友人や知人と連絡を取ることができたりもします。SNS へのログインに、Facebook、Twitter、LINE などのアカウントを用いる場合がありますが、このアカウント取得に電子メールアドレスが利用されています。さまざまに紐付けられて使用されることから、アカウントの ID や電子メールアドレスは慎重に取扱いましょう。
>
> 　SNS は情報交換のツールとして優れていますが、個人情報の流出や不用意な発言や失言で問題となり、「炎上」という過剰なアクセスや書き込みが集中し、システム上の障害をひき起こすこともあります。SNS は友人や知人限定で公開するように設定しているので安全と考えがちですが、その情報が他のサイトに転載されるなどすると、世界中の人に見られることにもなります。また、スマートフォンで撮影した写真には位置情報や撮影時刻を把握するシステムが備わっており、そのような情報が記録された写真を SNS に掲載すると、そのデータが元となってストーカー等の被害に巻き込まれることがあります。したがって、SNS は以上のことなどを十分注意した上で利用する必要があります。
>
> 　もし、個人情報の掲載や誹謗中傷、ストーカー等の被害に合った場合は、都道府県警察本部のサイバー犯罪相談窓口などに速やかに相談しましょう。

第3章
情報の収集と活用

　レポートや企画書はものごとを説明するだけではなく、自分の考えや企図することを正しく伝え、理解させ、さらには説得することを目的として作成します。そのためには、論拠となる事実に基づいた情報を収集し、その内容を精査し、さらに分析を加えた上でそれらのデータを効果的に活用することが大切です。ここでは大学祭広報の企画を行うための裏付けとして、他校の学園祭に対する取り組み等に関する情報、学園祭を広く告知するための方法、さらにはその他関連データなどについてインターネットを活用して調べます。

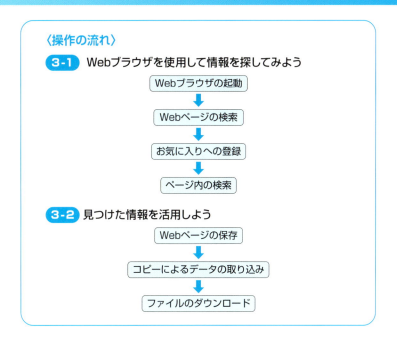

3-1 Web ブラウザを使用して情報を探してみよう

　WWW（World Wide Web）上にある様々な情報は、WWWブラウザ（以下Webブラウザ）を使用して検索サイトから探すことができます。また、そのようにして開いたWebページを「お気に入り」に登録して再び簡単に開くこともできます。ここではまず、インターネットを利用して、これまでに他校で開催された学園祭などに関する情報を調べてみます。次に、学園祭の告知のために、どのようなインターネット端末を活用することが有効であるかを示すデータを総務省のWebサイトから見つけます。そしてそれらに関するWebページや画像の保存、データのダウンロードなどによる情報収集も行ってみましょう。

● Webブラウザを起動

Internet Explorer

Microsoft Edge

図3-1-1　Internet Explorer 画面

● 検索サイトのURLを入力

図3-1-2　URLの入力例

キーワード

URL：Uniform Resource Locator

検索エンジン

ヒント

Windows 10 でのInternet Explorer の使用
検索ボックスで「IE」を検索→Internet Explorer をスタート画面等にピン留め

操作手順
☞ p.123

第3章　情報の収集と活用

※URLとは、インターネット上のアドレス（住所）にあたります。正確に入力しなければ、目的のWebサイトを開くことができません。

操作手順 ☞ p.123

●「お気に入り」に登録

図3-1-3　お気に入りの登録

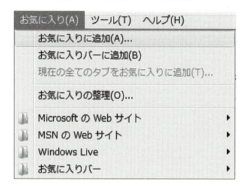

●他校の学園祭についてキーワードを入力して検索

図3-1-4　検索エンジン（Google）での検索例

※複数のキーワードをスペースで区切って入力することで、Webサイトを絞り込むことができます（絞り込み検索）。

ヒント

検索サイトの例：

Google
⇒ http://www.google.co.jp

Yahoo! Japan
⇒ http://www.yahoo.co.jp

ヒント

キーワード例：
「学園祭」と
・宣伝
・広報
・効果
・運営
・環境
・問題点
・インターネット
など関連用語を組み合わせて検索してみましょう（複合検索）

コラム　条件検索・複合検索

　検索サイトでの検索結果において、多くの場合、非常に多数の項目が表示されます。その際に「条件検索」や「複合検索」を行うと検索結果が絞り込まれて、より効率的に情報を探すことが可能になります。

　検索サイトによって多少ルールは異なりますが、一般に、複数のキーワードをスペース（空白）で区切って併記すると、「～かつ…」という意味になり、列記したすべての言葉を含むもののみに絞られた検索結果となります。スペースの代わりに半角で「and」と入力したり、「または」の条件で「or」を使用したりする場合もあります。

※「or」検索の場合、列記したいずれかのキーワードを含むものすべてが検索結果として表示されます。

図3-1-5　検索サイト（Google）での検索オプション

ページ内をキーワード検索

Webページ内の特定のキーワードについても検索を行うことができます。

図3-1-6　ページ内でのキーワード検索例

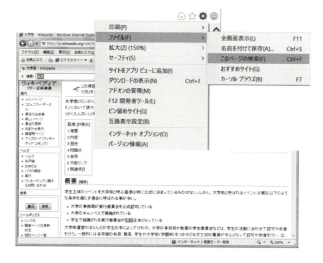

> **コラム** 書誌・論文検索
>
> 　自分たちの学校にある図書館はもとより、他校や研究所などの図書館、国立国会図書館や公共図書館などの蔵書の中から自分の気になるキーワードの書籍を検索したり、学術文献データベースの中から論文を検索したりできます。論文は、PDFファイルなどの形式で収録されており、無料または有料で閲覧できるものがあります。
>
> ・国立国会図書館のOPAC：NDL-OPAC
> 　　　　⇒ http://iss.ndl.go.jp/
> ・国立情報学研究所の論文情報ナビゲータ：CiNii
> 　（大学図書館の横断的な蔵書検索や国内の論文検索）
> 　　　　⇒ http://ci.nii.ac.jp/
>
> ※平成29年度よりアクセス方法やサービス内容が変更される予定です。

図3-1-7　NDL-OPACでの蔵書検索例

図3-1-8　CiNiiでの論文検索例

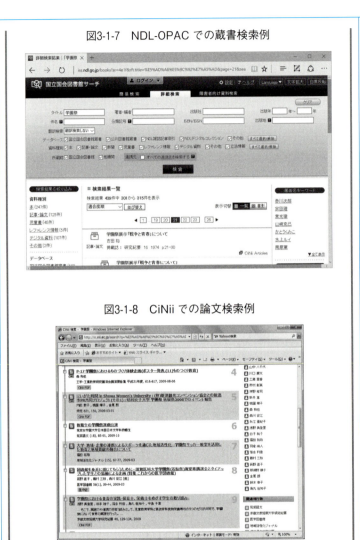

3-2 見つけた情報を活用しよう

　ヒト、モノ、コトなどさまざまなことがらについて、情報を「知る」ことは重要です。さらに、知り得た情報の正確さを判断し、その上で有効に「活用」することも重要です。ところで、学園祭を広く告知するためには、情報をどのような媒体や端末に向け、どのように発信していくのが効果的でしょうか。それを明らかにするために、まずはインターネットの利用状況について調べてみましょう。そしてそこで得ら

れたデータを整理した上で、レポートにおける論旨の根拠資料とします。そのようにすることで説得力のあるレポート作成を目指します。ここではまず見つけた情報をレポートにまとめる前に、それらのデータを収集し、保存する作業を行います。また、インターネット上の情報を引用する際のルールなどについても考えてみます。また、インターネット上の情報を引用する際のルールなどについても考えてみます。

● 総務省のWebサイトを開いて最新の情報通信白書（HTML版）にアクセスし、インターネットの利用状況（利用者数、利用端末など）について調べる

図3-2-1　総務省ホームページ（情報通信白書）の例

※総務省ホームページURL　http://soumu.go.jp

ヒント

総務省トップ＞政策＞白書
↓
〜年度版情報通信白書
↓
情報通信白書〜年度版　HTML版

● Web ページの保存

図3-2-2　Web ページの保存例

操作手順 ☞ p.124

● 画像の保存

　情報通信白書内でインターネットの利用状況（利用者数、利用端末など）に関するグラフ画像を保存します。

図3-2-3　画像の保存例

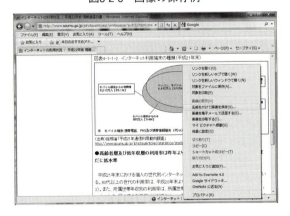

操作手順 ☞ p.124

※画像を保存する際に、ファイル名を内容が判断できるように変更して保存しましょう。

第3章 情報の収集と活用

操作手順
☞ p.125

● コピーによるデータや情報の取り込み

図3-2-4　コピーによるメモ帳への情報の取り込み例

※メモ帳に情報を取り込んだ後に、「名前を付けて保存」します。

● PDF ファイルや Excel ファイルのダウンロード

情報通信白書（PDF 版）の本編の中から、「インターネットの利用動向」に関する節のファイルをダウンロードします。

図3-2-5　PDF ファイルのダウンロード例

ヒント
対象の節のリンクを右クリック
↓
「対象をファイルに保存」

以下に関するデータを含む Excel ファイルをダウンロード（名前を付けて保存）します。
①インターネット利用者数や普及率の推移　②端末別にみた個人のインターネット利用者数・比率の推移　③属性別インターネット利用率（年齢階層別）。

💡 ヒント

①情報通信白書トップ＞分野別データ＞通信／インターネット内リンクからダウンロード

②情報通信白書〜年版HTML版情報通信白書本文の「インターネットの利用動向」に関する記事内リンクからダウンロード

図3-2-6　Excelデータのダウンロード

図3-2-7　ダウンロードして開いたExcelファイル

🔑 キーワード
著作権

> **コラム　引用のルール**
>
> 　大学で課せられるレポートや論文は、単なる感想文とは違います。自分の意見を感じたままに書くのではなく、自分の意見が正しいという理由を明らかにし、読み手を納得させる必要があります。

そのためには、レポートや論文中に本や雑誌、新聞記事、論文、インターネット上の情報など、これまでに他者が書いた資料を紹介しながら、自分の意見に説得力を持たせなければなりません。他者が書いた資料の内容を借りることを「引用」といいます。自分の文章や考えと他者の文章や考えを明確に区別しておくことが重要です。引用元を明らかにせずに、他人の書いた内容を写した場合は、盗作（剽窃）となります。

引用には、次の２種類の方法がありますが、いずれの場合も引用の後に『（資料の著者名、発行年）』を記載します。

```
2. ×××の概要
　〇〇〇〇〇〇〇〇〇〇〇〇〇〇〇〇〇〇〇〇〇〇〇〇〇〇〇〇。
前野はウィキペディアについて、「誰かが間違った記載をした場合には、他者によって比較的早く訂正が行われる利点もあります。」（前野、2011）と述べている。
　　　　　　　　　（中略）
　〇〇〇〇〇〇〇〇〇〇〇〇〇〇〇〇〇。また、前野は自律的協調学修について、次のように説明している。

　　ところで、自律的協調学修という言葉の中では、「自律」と「協
　　調」が一見矛盾を為すようにも思えるが、ここでの自律とは、
　　オンライン上で遠隔的に協調学修を行うにあたって各個が自
　　律的に学修に臨むことを意味するものである。(前野、2015)

〇〇〇、〇〇〇〇〇〇〇〇〇〇。
　　　　　　　　　（中略）
　さらに、平成 28 年版情報通信白書によると、職場へ人工知能（AI）を既に導入し、活用している日本企業は 1.9％との報告がある（総務省、2016）。〇〇〇〇〇〇〇〇〇〇。
　　　　　　　　　　5
```

①引用部分が短い場合
②引用部分が長い場合
③要約して掲載する場合

データや文章の一部をそのまま転記する場合
①引用部分が短い場合は、引用箇所を「」でくくります。
②引用部分が長い場合は、改行して引用箇所の前後を１行、左側を２、３文字空けます。

資料を要約して掲載する場合
③引用部分にあまり関係のない文章や説明が含まれている場合は、資料のポイントをはずすことなく適切に要約して掲載します。

レポートや論文の最後には、必ず「参考文献（または引用文献）」として、引用した資料を一覧できるように掲載しておきます。なお、引用の書式や参考文献の書き方は、専門分野や大学、授業などによって変わってきますので、その都度確認するようにしましょう。

《参考文献の書き方の例》

- 本から引用した場合
  著者／編者名『書名』出版社名、出版年、引用ページ
- 論文（雑誌）から引用した場合
  著者名［わかる場合］「論文名（記事見出し）」『論文誌名（雑誌名）』巻号、発行年、引用ページ
- 新聞から引用した場合
  著者名［わかる場合］「記事見出し」『新聞名』朝夕刊、発行年月日、引用ページ
- Webページから引用した場合
  著者名［わかる場合］「ページタイトル」URL（閲覧日：年月日）

> 参考文献
> 前野博（編）『PBL スタイル情報リテラシーテキスト』同友館、2011年、PP. 26-28
> 前野博「自律的協調学習の有効化を目的とした e ポートフォリオの活用」『異文化間情報ネクサス学会論叢』第 7 号、2015 年、PP. 7-10
> 「社説　米利上げは超低金利時代の転機となるか」『日本経済新聞』朝刊、2016 年 12 月 16 日、P. 2
> 総務省「平成 28 年版情報通信白書」http://
> 　www.soumu.go.jp/johotsusintokei/
> 　whitepaper/ja/h28/pdf/index.html
> 　（2016 年 12 月 21 日）

（2 行目からは 2 文字程度空ける）

コラム　著作権

皆さんが大学でレポートや論文を書くときはもちろんのこと、大学生活、さらには日常生活においても「著作権」を意識しておかなければなりません。

そもそも「著作権」とはどのような権利なのでしょう

か。簡単に言うと、著作物を創作した人（著作者）を保護するための様々な権利のことです。著作物とは、例えば、論文や小説、音楽、ダンスなどの振り付け、写真、コンピュータのプログラムなどがあります。著作権は、その権利を得るために何らかの手続きを行う必要はなく、著作者が著作物を創作したときに発生します。つまり、皆さんが作成したオリジナルの論文や小説や音楽も著作権が発生することになります。そして、他者の著作権を侵害することは犯罪行為となりますので、注意する必要があります。例えば、誰かの論文を許可なくコピー＆ペーストすると、盗作（剽窃）になります。他者の著作物を利用する場合には、必ず著作者に許可を得なければなりません。

ただし、「引用」に関しては、一定のルールにしたがっていれば、著作者の許可を得なくとも利用することができます。大学でレポートや論文を書く場合に他者の資料を引用することがあります。他者の資料には著作権がありますが、引用する場合にひとつひとつ許可を取るのは大変です。そのため、前述した「引用のルール」を守ることで許可を省略して利用することができます。

さらに昨今ではブログやソーシャルメディア、動画投稿サイトなどを利用する機会が多くなっていますが、それらのメディアに投稿する際にも著作権への配慮が必要です。例えばソーシャルメディアのプロフィール画像に人気キャラクターを無断で使用したり、動画投稿サイトへテレビドラマをアップロードしたりすることは著作権を侵害することになりますので、日ごろから著作権を意識しておくことも大切です。

著作権に関して、疑問に思ったり、不安なことがあれば、早まった著作物の利用をする前に一度立ち止まってしっかりと調べたり、教員に確認したりしたうえで対応するように心がけましょう。

> **コラム** 社会で求められる情報活用能力
>
> 　文部科学省は2017年1月「情報活用能力調査（高等学校）」の結果を公表しました。公表結果によると、あらかじめ整理された情報を読み取ったり整理や解釈をしたりすることはできるが、複数の情報から目的に応じて特定の情報を見つけ出して関連付けることや、複数の統計情報を条件に合わせて整理し、それらを根拠として意見を表現することに課題があることがわかりました。また、ある事象の原因や傾向を推測するためにどのような情報が必要であるかを明確することや、表計算アプリケーションを活用して統計情報を適切に処理することも苦手であることがわかりました。
>
> 　大学卒業後、みなさんがこれから生きていく社会は、予測困難な時代だと言われています。予測困難な時代を生きていくためには、ただ与えられた情報を読み取って整理する力だけでなく、自ら主体的に大量の情報から目的にあった情報を選び出し、それらの情報を適切に組みわせ、必要となる統計処理を施して分かりやすく表現することや、自分だけでは解決することが難しい課題を周りの人達と協力して解決していく力が求められています。
>
> 　このような社会で求められる情報活用能力を身につけるためには、サークル活動やゼミの活動など、大学生活の中で実践的な課題に積極的に取り組むことが最も効果的です。
>
> 　いま学べることをしっかりと学び、まずは社会で通用する情報リテラシーをしっかりと身につけていくことが大切です。

エクササイズ

● 練習問題

　図書館で借りた本や自分の持っている本などの中から5冊選び、それらについて文献リストを作成してみましょう。

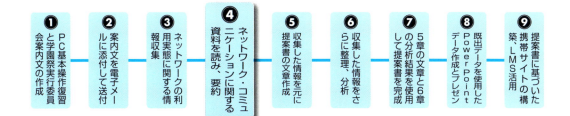

第4章
ワープロを使用した文章の構成

　学園祭のプロモーションにおいてインターネットを活用する方法を企画します。そのために、まずインターネットを利用したコミュニケーションについて考えてみます。ここでは、そのことについて書かれた文章を読み、内容を要約します。

　ワードプロセッサには多くの機能が備わっていますが、要約する方法としてここではまず、蛍光ペンによる色づけや段落分け、そしてアウトライン機能を利用します。ワードプロセッサを文章の清書のみならず、アイデアをまとめたり、文章を構成したりするためにも活用してみましょう。

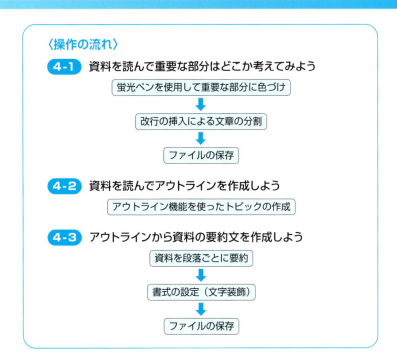

4-1 資料を読んで重要な部分はどこか考えてみよう

文章の要約に先立ち、まず資料を読んで重要な部分はどこか考えてみます。そのために、ワープロソフトを用いてキーワードとなる部分等に色づけ（マーキング）を行います。

キーワード
形式を選択して貼り付け

🔵 資料「情報社会への眼差し」を次のURLから開き、新規Word文書へ貼付け
（http://www.doyukan.co.jp/store/item_052729.html からダウンロード）

> 情報社会への眼差し
> 　　　　　　　　　　　　　　　　　　　　　　　　　淺間正通
>
> 　かつては電子メールと Web ページ閲覧がほとんどであったインターネットの利用も、SNS（Social Networking Service）、ツイッターといったネット上の多様な人と人との交流を促進するコミュニティ型サービスへと広がりを見せている。携帯端末によるモバイル利用とも相まって、インターネットは人々を常にゆるやかに結びつけながら、同じ時・同じ場の共有を必要とすることなく様々な形態のコミュニケーションを自由に操れるようになった。
> 　また、Web ページやブログなどを通じて一市民が世界中の国々の施策に対して自由に意見し、影響を及ぼすようになったことから、企業や行政も、情報収集や情報周知にこれらを積極的に活用するようになった。ユーザのネット上の投稿から新技術や新商品の開発へと結びついた事例も少なくはない。
> 　一方、グローバルな視点でこの環境変化をとらえてみると、少々複雑な問題が見えてくる。たとえば、日本の調査捕鯨のニュースが報じられた際には、それは即座に世界を駆けめぐり、ネットを通じて擬似的商業捕鯨であるとの批判が集中した。この他にも、誰かのつぶやきを瞬時に世界中に伝播させることが可能となった現在、ネット上の発言をきっかけに社会問題となった現象は多い。
> 　このように見ていくと、自分も相手も共にメリットがある状態を「Win-Win」と呼ぶことがあるが、国際社会の中で情報発信していくことを考えた場合、今後は自らの発言に伴う社会的責任への配慮や、さらには当事者以外の第三者の利益にも配慮した「Win-Win-Win」となるような発想も必要になってくるだろう。
> 　いずれにせよ、新たな情報環境の創出によってもたらされたこのような社会変化の中では、私たちの公的言動にも新たな視座が必要とされるようになった。それは、必ずしも前述したような国際間の話題にとどまらない。最近では「地域医療」「地域福祉」といった地域情報化の一環からの地域型 SNS も出現し、そのコミュニケーション機能に注目が集まっている。これらは地域やそこに暮らす人々に対する利便性の向上を図るといったローカルな側面もあるが、一方で医療・福祉は世界の何れの国々も抱えている共通の問題でもある。したがって、「グローカル」という言葉があるように、グローバルな意識を保ちながらそれらのコミュニケーションと向き合うことが重要になってくる。
> 　インターネットの特質の一つに、時間・空間の圧縮がある。しかし、決して心の持ち方さえもが圧縮されてしまうことがないように、私たちは絶えずインタフェイス（接面）の裏側にも目を向けていく必要があるのではないだろうか。

蛍光ペンの色

🔵 蛍光ペンの機能を使用して、重要と思われる部分（キーワード等）に色づけ

🔵 改行を挿入し、文章を3つの部分に分ける

操作手順
Office 2010
　　☞ p.128
Office 2013
　　☞ p.173
Office 2016
　　☞ p.223

図4-1-1　段落分けと蛍光ペンによる色づけの例

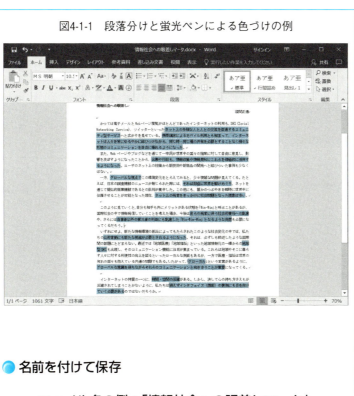

● 名前を付けて保存

　　ファイル名の例：「情報社会への眼差しマーク」

【操作手順】
Office 2010
　　☞ p.128
Office 2013
　　☞ p.174
Office 2016
　　☞ p.224

4-2 資料を読んでアウトラインを作成しよう

　4-1 で行ったキーワードの色づけ作業の結果を参照しながら、アウトライン機能を利用して資料を要約します。

● 文書を新規作成

【操作手順】
Office 2010
　　☞ p.129
Office 2013
　　☞ p.175
Office 2016
　　☞ p.225

●表示を「アウトライン」に切り替え

アウトライン表示とすることで、文章の並べ替えや階層構造による文章構成が容易に行えるようになります。

操作手順
Office 2010
☞ p.130
Office 2013
☞ p.176
Office 2016
☞ p.226

●資料の内容から3つのトピックを作成

アウトライン項目（以下トピック）を資料の構成に従い、3つ作成します。

※これらは各章のタイトルとなりますが、内容はまだ空白のままで構いません。

キーワード
アウトライン レベル

●下位トピックの作成とレベル設定

各トピックの下に子のトピックを作成し、それぞれを「本文レベル」に設定します。

※トピックの順序やレベルはトピック入力後に変更することが可能です。

図4-2-1　アウトライン項目入力例

操作手順
Office 2010
☞ p.130
Office 2013
☞ p.176
Office 2016
☞ p.226

●要約文の入力

各本文レベルに、マークした内容を抜き出し、それを元に要約文を入力していきます。

操作手順
Office 2010
☞ p.131
Office 2013
☞ p.177
Office 2016
☞ p.227

第4章　ワープロを使用した文章の構成

図4-2-2　アウトライン表示での本文入力例

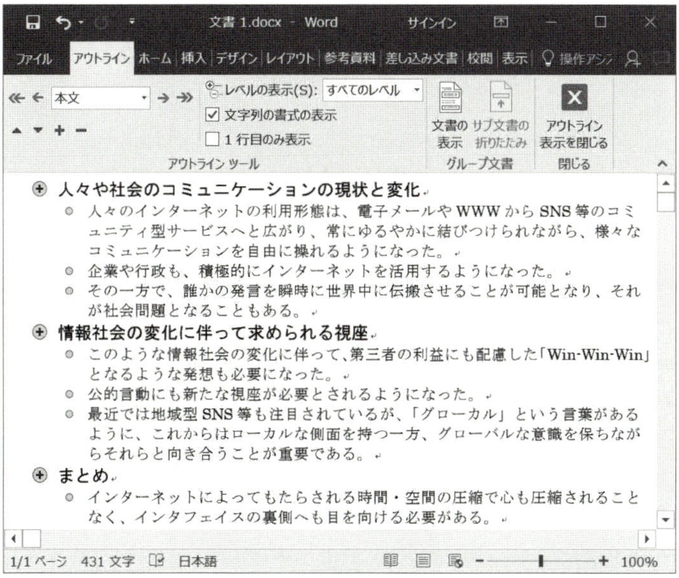

● 名前を変えて保存

ファイル名の例：「情報社会への眼差し要約文」

※作業の途中で適宜文書を保存するようにしましょう。

操作手順
Office 2010
　　☞ p.128
Office 2013
　　☞ p.174
Office 2016
　　☞ p.224

ヒント
トピックの「展開」と「折りたたみ」による表示変更

エクササイズ

● 練習問題

　アウトライン機能を利用し、例を見ながら、自分たちの住む地域の都道府県や市、町、村などについてまとめてみよう。

作成例

```
I. 近畿（京阪神地区）
     1. 大阪府
          a. 大阪市
               ・天王寺区
               ・阿倍野区
          b. 豊中市
          c. 茨木市
     2. 京都府
          a. 京都市
          b. 高槻市
     3. 兵庫県
          a. 神戸市
          b. 尼崎市
          c. 西宮市
          d. 芦屋市
II. 関東
     1. 東京都
     2. 神奈川県
          a. 横浜市
```

4-3 アウトラインから資料の要約文を作成しよう

4-2 で作成したアウトラインをもとに、資料の内容を要約した文章を作成します。

● 表示を「印刷レイアウト」に切り替え

　MS Wordの標準的な表示モードが「印刷レイアウト」です。この表示で文書に対する細かいレイアウト等の編集を行います。

● 各段落の文章を加筆修正

　ここで、アウトラインで作成した子トピックや本文トピックから通常の要約文へと文章を修正していきます。

操作手順
Office 2010
　　　☞ p.130
Office 2013
　　　☞ p.176
Office 2016
　　　☞ p.226

第4章　ワープロを使用した文章の構成

操作手順
Office 2010
　☞ p.127
Office 2013
　☞ p.173
Office 2016
　☞ p.223

●書式を整える

図4-3-1　印刷レイアウトでの要約文入力例

> 情報社会への眼差し（淺間正通）要約文
>
> **人々や社会のコミュニケーションの現状と変化**
> 　人々のインターネットの利用形態は、電子メールやWWWからSNS等のコミュニティ型サービスへと広がり、常にゆるやかに結びつけられながら、様々なコミュニケーションを自由に操れるようになった。また、企業や行政も、積極的にインターネットを活用するようになった。
> 　その一方で、誰かの発言を瞬時に世界中に伝搬させることが可能となり、それが社会問題となることもある。
>
> **情報社会の変化に伴って求められる視座**
> 　このような情報社会の変化に伴って、第三者の利益にも配慮した「Win-Win-Win」となるような発想も必要になり、公的言動にも新たな視座が必要とされるようになった。
> 　最近では地域型SNS等も注目されているが、「グローカル」という言葉があるように、これからはローカルな側面を持つ一方、グローバルな意識を保ちながらそれらと向き合うことが重要である。
>
> **まとめ**
> 　これからのインターネット社会においては、インターネットによってもたらされる時間・空間の圧縮で心も圧縮されることなく、インタフェイスの裏側へも目を向ける必要がある。

フォント（文字）の種類や大きさ、段落の設定等を変更します。

図4-3-2　段落設定ダイアログ

039

● 文書の上書き保存

操作手順
Office 2010
☞ p.129
Office 2013
☞ p.175
Office 2016
☞ p.225

● 文書の印刷

操作手順
Office 2010
☞ p.134
Office 2013
☞ p.180
Office 2016
☞ p.230

図4-3-3　印刷

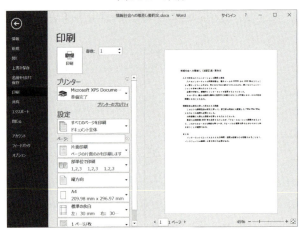

第5章
レポートの作成

　本章では、自らの考えや意見をわかりやすく伝え、相手に共感や理解、さらには協力も得られるような情報発信の方法について考えてみます。そこで、学園祭実行委員会の企画メンバーとして、効果的な広報手段を検討してみましょう。

　モバイル・インターネット活用の有効性などをふまえて、学園祭実行委員会や学園祭に関係のある人たちの理解や協力が得られるような、説得力のあるレポートを作成しましょう。

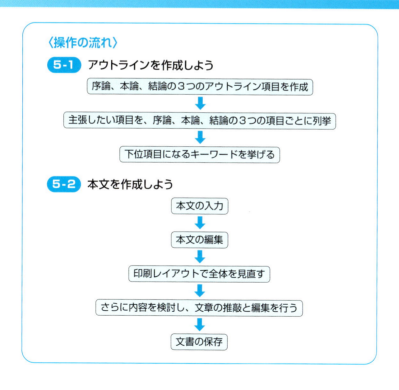

5-1 アウトラインを作成しよう

アウトライン表示でその基本となる構造を作成します。

思いついたキーワードや文書を書き出して、並べ替えていきます。ここではまず、アウトライン表示で「はじめに」「提案」「おわりに」の3つのトピックを作成し、さらに「提案」のトピックの下に「インターネットを利用する端末の統計」「具体的な広報手段の提案」「集客に役立つ工夫」の3つの項目を作成します。

● アウトライン表示で「はじめに」「提案」「おわりに」の3つのトピック（見出し項目）を作成

操作手順
Office 2010
　　☞ p.130
Office 2013
　　☞ p.176
Office 2016
　　☞ p.226

●「提案」の下位項目にトピックを作成し、キーワードや文章を入力

図5-1-1　アウトライン項目作成例

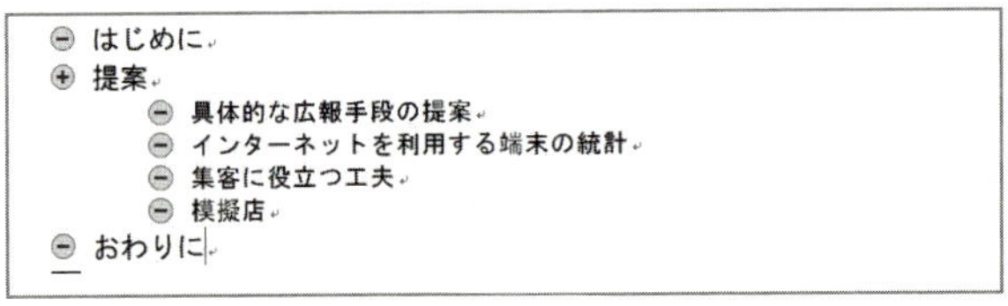

```
⊖ はじめに
⊕ 提案
    ⊖ 具体的な広報手段の提案
    ⊖ インターネットを利用する端末の統計
    ⊖ 集客に役立つ工夫
    ⊖ 模擬店
⊖ おわりに
```

● トピックの整理

トピックの取捨選択や並べ替え、修正などを逐次行います。

図5-1-2　アウトライン項目の整理

```
⊖ はじめに
⊕ 提案
    ⊖ インターネットの利用状況
    ⊖ 具体的な広報手段の提案
    ⊖ 集客に役立つ工夫
⊖ おわりに
```

操作手順
Office 2010
　　☞ p.131
Office 2013
　　☞ p.177
Office 2016
　　☞ p.227

> **コラム** レポートの構成
>
> 　レポートや論文は、書き手の考えを明確に表し、読み手も理解しやすく書き記すことが大切です。そのため、序論・本論・結論の三部構成で作成し、結論にはもちろんですが、序論にも結論となる考えを述べておくことで、論旨の明確化を図ります。そこで、「序論」には、「何が分かったのか」「目的や狙いは何か」「何を提案したいのか」というような最終的に述べたいことを予め簡潔に示します。「本論」では、各種データ等を活用するなどして論拠を示しながら、筋道を立てて自分の考えや意見を記述していきます。「結論」では、本論の内容をまとめた上で、最も伝えたいことを書き記し、印象付けます。レポートや論文の目的は、自分の考えを読み手に伝え、説得することにあります。客観的で分かりやすく簡潔な文章作成を心がけましょう。

● 名前を付けて保存

図5-1-3　文書の保存（名前を付けて保存）

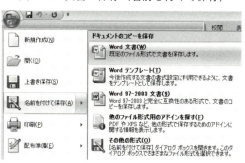

ファイル名の例：「学園祭広報提案書アウトライン」

5-2 本文を作成しよう

● アウトライン表示で本文（段落）を入力

まず、このあとの文章の作成がより進めやすくなるよう、これら各論のアウトライン作成において、キーワードや思いついた事柄をできるだけ多く入力します。これらの入力作業は、文章での順序などは気にせずに思いついたものから記入していき、後ほど順序やレベルを入れ替えるなどして、次第に本文作成へとつなげていきます。

図5-2-1　アウトラインで下位項目作成

- はじめに
    - モバイル・インターネットを利用する狙い
        - 学園祭を広報する手段として、モバイル・インターネットを・・・
    - 学園祭実行委員会広報担当としての提案
- 提案
    - インターネットの利用状況
    - 具体的な広報手段の提案
    - 集客に役立つ工夫
- おわりに

操作手順
Office 2010　☞ p.131
Office 2013　☞ p.177
Office 2016　☞ p.227

● 表示の変更（印刷レイアウト）

図5-2-2　印刷レイアウトでの表示

- はじめに
- モバイル・インターネットを利用する狙い
- 学園祭実行委員会広報担当としての提案
- 提案
- インターネットの利用状況
- 具体的な広報手段の提案
- 集客に役立つ工夫
- おわりに

※アウトラインでのインデントなどの書式は、印刷時のものとは異なります。印刷時の書式は、印刷レイアウトで確認しながら書式の設定を行います。

キーワード
インデント削除

操作手順
Office 2010　☞ p.130
Office 2013　☞ p.176
Office 2016　☞ p.226

コラム　思考の図式化

「4-2 資料を読んでアウトラインを作成しよう」では、アウトライン機能を使って資料がどのような構造になっているかを解析しました。こういった作業をよりスムーズに行う方法の一つに「思考の図式化」があります。「思考の図式化」は人間の思考法に基づくもので、アイデアや概念を図式化し、思考の全体像を構造的に把握しながら整理し、明確にしていきます。具体的には、まずキーとなる言葉や文を挙げていき、それらを簡単な図形（長方形や楕円等）で囲み、矢印や線で結ぶなどして図式化することによって、思考がどのような構造になっているかを明らかにします。このような作業を視覚的・直観的に行えるようにするために、専用のソフトウェアを用いる場合もあります。

🔑 キーワード

ブレインストーミング

思考の構造化

文章の編集

図5-2-3　検索

🔑 キーワード

高度な検索

図5-2-4　置換

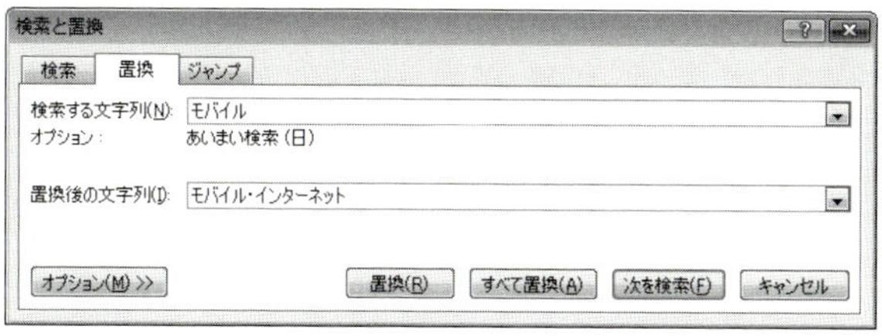

※文章量によっては、「検索」や「置換」などの機能を使用することで、文章の編集を効率よく行うことができます。

● 文章の推敲
作成した文章を見直し、修正します。

● 文章の保存
作成した文章を「上書き保存」、または「名前を付けて保存」で別のファイルとして保存します。

ファイル名の例：「学園祭広報提案書本文」

文章作成例

はじめに

モバイル・インターネットを利用する狙い

学園祭を広報する手段として、モバイル・インターネットを利用することを提案したい。なぜなら、昨今では日常生活の様々な情報を知る手段として、場所を問わず思い立ったその場でインターネットを利用することが一般化しているからである。特に、学園祭来場者の核となる 10 代、20 代の若者では、スマートフォンを使用したモバイル・インターネットの利用が多いことも分かっている。

学園祭実行委員会広報担当としての提案

そこで、今年度はモバイル・インターネットを使って学園祭を広報するとともに、その広告に割引クーポンを掲載したり、当時のイベント情報をタイムリーに更新したりすることで集客力を高めることを目指す。

提案

インターネットの利用状況

近年、レジャーや日常生活の情報をインターネットから入手することが一般化しているが、今や、インターネットをモバイル端末から利用している割合が PC からの利用を上回っている。(「情報通信白書」総務省)

具体的な広報手段の提案

特に、学園祭の主なターゲットとなる 10 代、20 代の若者は、スマートフォン等を利用したモバイル・インターネットで情報を収集することが日常的になっている。そこで、モバイル・インターネットでの閲覧に適したモバイル端末向けのコンテンツを散りばめた Web サイトを作成し、学校へのアクセスや学園祭の日程や展示物、模擬店やイベントなどの詳しい情報を告知することを提案したい。

集客に役立つ工夫

単に学園祭の情報を提示するだけではなく、各種模擬店の割引券や展示場で記念品を受け取ることのできるクーポンも Web サイトから入手できるようにすることで、集客力を高めたい。

また、学園祭当日のイベント開催情報やお勧め情報を更新することで来場者の利便性を向上させ、ひいては参加意欲や購買意欲の向上にもつなげていきたい。

おわりに

以上のように、モバイル・インターネットは、学園祭のターゲットになる人々への情報提供を容易にするとともに、工夫次第で訪問意欲をも引き出すことに貢献できる手段である。また、当日変更された時間や開催場所といったパンフレットなどの紙媒体ではカバーしにくい学園祭情報をもタイムリーに伝えることができる。さらに、Web を利用した即時的な情報提供は、放送という耳からの情報と違ってスマートフォン等の機器にデータとして記録が残るものなので、利用者の利便性がさらに高まるというメリットもある。

こうした、利用者の利便性を高めるサービスを提供することで、顧客満足度は向上し、大学の広報や学生間の相互交流といった目的をもつ学園祭がより充実することが期待できるのである。

参考文献

情報通信白書平成 28 年度版、「本編第 2 部 基本データと政策動向」、総務省
http://www.soumu.go.jp/johotsusintokei/whitepaper/ja/h28/html/nc252110.html

第6章
情報の整理と分析

　前章までに集めた情報は、それらを整理し、うまく活用することで価値が高まります。本章では、収集されたデータを整理したり分析したりする方法について考えます。

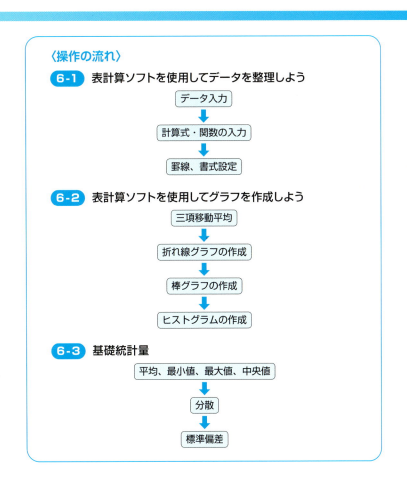

6-1 表計算ソフトを使用してデータを整理しよう

インターネットから収集したデータをより分かりやすく説得力のあるものにするため、目的に応じた内容に整理し、見やすい表示にまとめます。ここでは、表計算ソフトを用いてデータの入力や計算、表の作成を行います。それらを通して、「どのようなインターネットの広報を行えば効果的か」を検討するためのデータの整理方法について考えていきます。

● 使用するファイルの確認

「端末別にみた個人のインターネット利用者数・比率の推移」
「属性別携帯インターネット利用状況」

※ p.25参照
　もし上記ファイルがない場合、第3章を参照し、ダウンロードしておきます。

● 表計算ソフト（Excel）の起動

Microsoft Excel

● データの入力（「端末別にみたインターネット利用者数の推移」）

図6-1-1　データの入力

端末別にみた個人のインターネット利用者数の推移											
											(人数:万人)
		平成18年	平成19年	平成20年	平成21年	平成22年	平成23年	平成24年	平成25年	平成26年	平成27年
PCのみ											
モバイル端末のみ											
ゲーム機・テレビ等のみ											
PCとモバイル端末											
モバイル端末とゲーム機・テレビ等											
PCとゲーム機・テレビ等											
PCとモバイル端末とゲーム機・テレビ等											
PCのべ利用者数											
モバイル端末のべ利用者数											
ゲーム機・テレビ等のべ利用者数											
合計											

キーワード
- ワークシート
- ブック
- 新規作成
- セル
- 行・列
- 数式バー

操作手順
Office 2010
　☞ p.155
Office 2013
　☞ p.202
Office 2016
　☞ p.251

第6章 情報の整理と分析

操作手順
Office 2010
☞ p.155
Office 2013
☞ p.202
Office 2016
☞ p.252

● データのコピーと貼り付け

第3章でダウンロードした「端末別にみた個人のインターネット利用者数・比率の推移」のExcelファイルを開き、必要な箇所をコピーし、貼り付けます。

図6-1-2 データのコピー例

端末別にみた個人のインターネット利用者数の推移										
									(人数:万人)	
	平成18年	平成19年	平成20年	平成21年	平成22年	平成23年	平成24年	平成25年	平成26年	平成27年
PCのみ	1,627	1,471	1,507	1,292	1,509	1,818	1,705	1,560	1,519	1,206
モバイル端末のみ	688	996	821	885	744	1,338	1,348	1,902	2,326	2,682
ゲーム機・テレビ等のみ	3	0	2	2	3	20	23	114	128	100
PCとモバイル端末	6,099	5,991	6,196	6,492	6,495	5,413	5,457	4,948	4,784	4,762
モバイル端末とゲーム機・テレビ等	6	9	13	6	9	30	66	179	206	231
PCとゲーム機・テレビ等	36	53	76	103	73	169	137	203	140	100
PCとモバイル端末とゲーム機・テレビ等	292	300	475	627	630	821	915	1,138	916	964
PCのべ利用者数										
モバイル端末のべ利用者数										
ゲーム機・テレビ等のべ利用者数										
合計										

※コピーしたデータを貼り付ける際には、「貼り付け先の書式に合わせる」ようにします。

操作手順
Office 2010
☞ p.155, 158
Office 2013
☞ p.202, 205
Office 2016
☞ p.251, 255

● 計算式、関数の入力

各項目（A列）の延べ人数と合計を計算式、関数を使用して入力します。

図6-1-3 計算式の入力例（結果表示）

端末別にみた個人のインターネット利用者数の推移										
									(人数:万人)	
	平成18年	平成19年	平成20年	平成21年	平成22年	平成23年	平成24年	平成25年	平成26年	平成27年
PCのみ	1,627	1,471	1,507	1,292	1,509	1,818	1,705	1,560	1,519	1,206
モバイル端末のみ	688	996	821	885	744	1,338	1,348	1,902	2,326	2,682
ゲーム機・テレビ等のみ	3	0	2	2	3	20	23	114	128	100
PCとモバイル端末	6,099	5,991	6,196	6,492	6,495	5,413	5,457	4,948	4,784	4,762
モバイル端末とゲーム機・テレビ等	6	9	13	6	9	30	66	179	206	231
PCとゲーム機・テレビ等	36	53	76	103	73	169	137	203	140	100
PCとモバイル端末とゲーム機・テレビ等	292	300	475	627	630	821	915	1,138	916	964
PCのべ利用者数	8,054	7,815	8,254	8,514	8,707	8,221	8,214	7,849	7,359	7,032
モバイル端末のべ利用者数	7,085	7,296	7,505	8,010	7,878	7,602	7,786	8,167	8,232	8,639
ゲーム機・テレビ等のべ利用者数	337	361	566	738	715	1,040	1,141	1,634	1,390	1,395
合計	8,751	8,820	9,090	9,407	9,463	9,609	9,651	10,044	10,019	10,045

図6-1-4 計算式の入力例（計算式表示）

端末別にみた個人のインターネット利用者数の推移					
	平成18年	平成19年	平成20年	平成21年	平成22年
PCのみ	1627	1471.437	1507	1292	1509
モバイル端末のみ	688	995.643	821	885	744
ゲーム機・テレビ等のみ	3	0	2	2	3
PCとモバイル端末	6099	5991.48	6196	6492	6495
モバイル端末とゲーム機・テレビ等	6	8.811	13	6	9
PCとゲーム機・テレビ等	36	52.866	76	103	73
PCとモバイル端末とゲーム機・テレビ等	292	299.574	475	627	630
PCのべ利用者数	=B4+B7+B9+B10	=C4+C7+C9+C10	=D4+D7+D9+D10	=E4+E7+E9+E10	=F4+F7+F9+F10
モバイル端末のべ利用者数	=B5+B7+B8+B10	=C5+C7+C8+C10	=D5+D7+D8+D10	=E5+E7+E8+E10	=F5+F7+F8+F10
ゲーム機・テレビ等のべ利用者数	=B6+B8+B9+B10	=C6+C8+C9+C10	=D6+D8+D9+D10	=E6+E8+E9+E10	=F6+F8+F9+F10
合計	=SUM(B4:B10)	=SUM(C4:C10)	=SUM(D4:D10)	=SUM(E4:E10)	=SUM(F4:F10)

キーワード

形式を選択して貼付け

行・列の挿入

オートフィル

小数点表示桁上げ・下げ

Σ
オート
SUM ▾

ƒx
関数の挿入

キーワード
行の高さ
列の幅
セルの書式設定

● 罫線、書式設定（表の体裁を調整）

図6-1-5　罫線による表の調整

端末別にみた個人のインターネット利用者数の推移										
										(人数/万人)
	平成18年	平成19年	平成20年	平成21年	平成22年	平成23年	平成24年	平成25年	平成26年	平成27年
PCのみ	1,627	1,471	1,507	1,292	1,509	1,818	1,705	1,560	1,519	1,206
モバイル端末のみ	688	996	821	885	744	1,338	1,348	1,902	2,326	2,682
ゲーム機・テレビ等のみ	3	0	2	2	3	20	23	114	128	100
PCとモバイル端末	6,099	5,991	6,196	6,492	6,495	5,413	5,457	4,948	4,784	4,762
モバイル端末とゲーム機・テレビ等	6	9	13	6	9	30	66	179	206	231
PCとゲーム機・テレビ等	36	53	76	103	73	169	137	203	140	100
PCとモバイル端末とゲーム機・テレビ等	292	300	475	627	630	821	915	1,138	916	964
PCのべ利用者数	8,054	7,815	8,254	8,514	8,707	8,221	8,214	7,849	7,359	7,032
モバイル端末のべ利用者数	7,085	7,296	7,505	8,010	7,878	7,602	7,786	8,167	8,232	8,639
ゲーム機・テレビ等のべ利用者数	337	361	566	738	715	1,040	1,141	1,634	1,390	1,395
合計	8,751	8,820	9,090	9,407	9,463	9,609	9,651	10,044	10,019	10,045

● 新しいワークシートの作成

同一ブック内に新しいワークシートを作成します。

● 属性別インターネット利用状況のデータ入力

　先のデータと同様の手順で、第3章でダウンロードした「属性別インターネット利用率」のExcelファイルから年齢階層別のインターネット利用状況をまとめます。

図6-1-6　年齢別モバイルインターネット利用比率の入力例

属性別インターネット利用率及び利用者数（年齢階層別）		
N=33,525	2015年末（％）	人数（人）
全体	83.0	27,828
6～12歳	74.8	25,071
13～19歳	98.2	32,924
20～29歳	99.0	33,199
30～39歳	97.8	32,787
40～49歳	96.5	32,341
50～59歳	91.4	30,640
60～64歳	81.6	27,356
65～69歳	71.4	23,931
70～79歳	53.5	17,939
80歳以上	20.2	6,776

（出典）総務省「通信利用動向調査」
http://www.soumu.go.jp/johotsusintokei/statistics/statistics05.html

操作手順
Office 2010
☞ p.160
Office 2013
☞ p.206, 207
Office 2016
☞ p.256, 257

キーワード
セルの書式設定（ユーザー定義）
形式を選択して貼り付け（行列を入れ替える）

図6-1-7　セルの書式設定の例

操作手順
Office 2010
　☞ p.167
Office 2013
　☞ p.215
Office 2016
　☞ p.264

● 名前を付けて保存

ファイル名の例：「インターネット利用状況」

コラム csvファイル

　csv（comma separated values）ファイルとは、いくつかのデータをカンマ「,」やスペースなどの記号で区切って並べた、テキスト形式のファイルのことです。csv形式のファイルは汎用性が高く、さまざまな表計算ソフトやデータベースソフトなどで読み込むことができます。逆に、表計算ソフトやデータベースソフトのファイルを保存する際にも、csv形式で保存することができます。csvファイルは、テキストファイルの一種であることから、メモ帳などのテキストエディタで開いたり編集したりすることもできます。異なる表計算ソフトやデータベースソフトを使用する場合、そのソフトウェア独自の保存形式でファイルを保存すると、次に別のソフトウェアでそのファイルを使用しようとしても開くことができないことがあります。csvファイルは

そのような問題を解消することができます。ただし、制約もあり、文字の装飾、配置や罫線などの情報は引き継がれません。

図6-1-8　csvファイルの例

図6-1-9　csvファイルをExcelに読み込んだ例

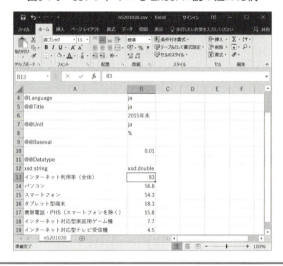

6-2 表計算ソフトを使用してグラフを作成しよう

操作手順
Office 2010 ☞ p.163
Office 2013 ☞ p.211
Office 2016 ☞ p.260

データをより直感的に理解できるようにグラフ化します。様々な種類があるグラフの中から、目的に応じたものを選択して作成します。

図6-2-1 グラフの種類と目的（例）

種類		目的
棒グラフ		値の大小の比較
折れ線グラフ		データ時系列の推移
円グラフ		構成要素の割合
散布図	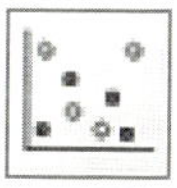	2項目の関連（相関関係）
レーダーチャート		複数項目の比較（バランス）

● 折れ線グラフの作成

操作手順
Office 2010 ☞ p.163
Office 2013 ☞ p.211
Office 2016 ☞ p.260

「端末別にみた個人のインターネット利用者数の推移をもとに「PCとモバイル端末」の利用者数推移を表すグラフを作成します。

図6-2-2 「PCとモバイル端末」の折れ線グラフ

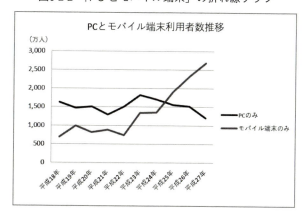

キーワード
移動平均

● 三項移動平均

利用者数の傾向的推移をより全体的に把握し易いように、「三項移動平均」の処理を行います。

図6-2-3　三項移動平均の例

	平成18年	平成19年	平成20年	平成21年	平成22年	平成23年	平成24年	平成25年	平成26年	平成27年
PCのみ利用者数	1,627	1,471	1,507	1,292	1,509	1,818	1,705	1,560	1,519	1,206
PCのみ三項移動平均		1,535	1,423	1,436	1,540	1,677	1,694	1,595	1,428	
モバイル端末のみ利用者数	688	996	821	885	744	1,338	1,348	1,902	2,326	2,682
モバイル端末のみ三項移動平均		835	901	817	989	1,143	1,529	1,859	2,303	

操作手順
Office 2010
　☞ p.163
Office 2013
　☞ p.210
Office 2016
　☞ p.260

● 折れ線グラフ（三項移動平均）の作成

作成した移動平均のデータをもとに折れ線グラフを作成します。

図6-2-4　三項移動平均の折れ線グラフ作成例

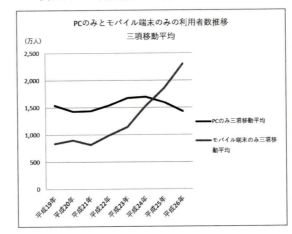

※元のデータと三項移動平均の各グラフを比較してみましょう（図6-2-2参照）。

● 棒グラフの作成

「端末別にみたインターネット利用者数の推移」のデータをもとに棒グラフを作成します。

操作手順
Office 2010
　☞ p.163
Office 2013
　☞ p.211
Office 2016
　☞ p.261

図6-2-5　棒グラフ作成例

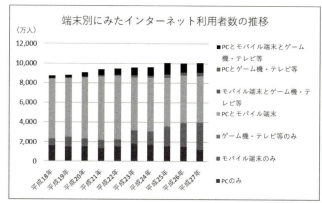

● ヒストグラムの作成

「年齢別モバイル・インターネット利用比率」のデータを基に、ヒストグラムを作成します。

図6-2-6　ヒストグラム作成例

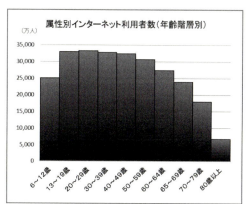

● 上書き保存

操作手順
Office 2010
　　☞ p.165
Office 2013
　　☞ p.213
Office 2016
　　☞ p.263

キーワード
データ系列の書式設定要素の間隔
度数分布

操作手順
Office 2010
　　☞ p.168
Office 2013
　　☞ p.216
Office 2016
　　☞ p.265

キーワード
集団
母集団
標本（サンプル）

6-3 基礎統計量

　データを客観的に把握し、その特性を見極めるために様々な統計的分析手法が用いられますが、その中でも最も基本的な手段が基礎統計量の算出です。ここでは、学園祭の模擬店売上高を基に、平均、最大値、最小値、中央値を求めます。

　さらに、各年度における売上高のばらつき度合いを把握するために、偏差平方和、分散、標準偏差等を求めます。

● データをダウンロードして開く

　資料「模擬店売上高.xlsx」を次のURLからダウンロードして「名前を付けて保存」した上で開き、データのあらましを調べます。

※ http://www.doyukan.co.jp/store/item_052729.html に収録。

図6-3-1　学園祭模擬店売上高データ

学園祭模擬店売上高
（千円）

平成26年度	平成27年度	平成28年度	平成29年度
47.2	49.9	2.6	58.3
38.5	32.0	30.1	40.1
4.9	51.8	66.8	47.6
74.8	49.7	50.7	24.7
68.4	82.0	38.9	85.6
47.9	29.2	30.1	26.4
78.8	6.1	26.3	77.1
55.2	59.7	0.4	4.0
93.3	64.9	70.3	93.9
29.5	72.7	49.9	55.2
7.1	15.6	40.9	62.1
42.5	23.4	90.4	96.3
47.3	65.3	44.5	81.1
31.7	21.2	70.8	70.7
50.1	52.1	57.1	50.9
25.4	57.5	62.6	36.2
10.2	57.8	20.7	16.2
33.6		15.2	10.4
64.3		54.2	70.3
		88.3	61.7
		47.4	37.4
			43.5
			22.8

※各年度のデータは、学園祭実行委員会が実施したアンケート調査に対する回答をまとめたものです。回答は模擬店出店者の内の一部から寄せられたもので、すべての模擬店に関するものではありません。

第6章　情報の整理と分析

● Excel 関数を使用して基礎統計量を求める

操作手順
Office 2010
　☞ p.158, 159
Office 2013
　☞ p.205, 206
Office 2016
　☞ p.255, 256

平均

各年度売上高の平均を関数を使用して求めます。

最大値　**最小値**　**中央値**

各年度の最大値、最小値、中央値を関数を使用して求めます。

範囲（レンジ）

各年度のデータの範囲を計算式を使用して求めます。

※範囲：最大値と最小値の間の幅

データの個数

各年度のデータの個数を関数を使用して求めます。

キーワード
AVERAGE
MAX
MIN
MEDIAN
COUNT

● データのばらつき度合いを調べる

操作手順
Office 2010
　☞ p.158, 159
Office 2013
　☞ p.205, 206
Office 2016
　☞ p.255, 256

偏差平方和

各年度の偏差平方和を関数を使用して求めます。

※偏差：各データと平均の差（隔たり）
※偏差平方和：各偏差の2乗を合計した値

キーワード
偏差

重要ポイント
データの個数が異なる集団間において、偏差平方和によるばらつきの比較ができるか考えてみよう。

操作手順
Office 2010
　☞ p.158, 159
Office 2013
　☞ p.205, 206
Office 2016
　☞ p.255, 256

分散

各年度売上げの分散を関数を使用して求めます。

※分散：偏差平方和をデータの個数（N）または個数－1（N－1）で割った値

キーワード
DEVSQ
VAR
STDEV

059

重要ポイント
分散や標準偏差を求める場合、対象が母集団か標本集団かで使用する式やExcel関数は異なる。

標準偏差

各年度売上げの標準偏差を関数を使用して求めます。

※標準偏差：分散の平方根

操作手順
Office 2010
　☞ p.158, 159
Office 2013
　☞ p.205, 206
Office 2016
　☞ p.255, 256

図6-3-2　基礎統計量分析例

	平成26年度	平成27年度	平成28年度	平成29年度
平均	44.8	46.5	45.6	51.0
最大値	93.3	82.0	90.4	96.3
最小値	4.9	6.1	0.4	4.0
範囲（レンジ）	88.4	75.9	90.0	92.3
中央値	47.2	51.8	47.4	50.9
データの個数	19	17	21	23
偏差平方和	10666.26	7413.07	12425.22	15497.20
分散	592.57	463.32	621.26	630.13
標準偏差	24.34	21.52	24.93	26.54

※データの集団が母集団と標本集団の何れであるかに注意しましょう。

● **上書き保存**

操作手順
Office 2010
　☞ p.167
Office 2013
　☞ p.216
Office 2016
　☞ p.265

エクササイズ

● **練習問題**

あなたやあなたのクラスメートにとっての身近なデータを用いて、基礎統計量を求めてみましょう（例：身長、体力測定データ等）。

※個人情報に関わる情報を使用する場合、本人の許可を取ったうえで、取り扱いに注意します。

キーワード
標準化

● **チャレンジ問題**

平成20年度の各模擬店売上高の学園祭全模擬店中における位置を知るため、各模擬店売上げに関する「偏差値」を求めてみましょう。

$$偏差値 = 10 \times (各データ - 平均) \div 標準偏差 + 50$$

操作手順
Office 2010
　☞ p.158, 159
Office 2013
　☞ p.205, 206
Office 2016
　☞ p.255, 256

第7章
レポートの完成

　これまでの学習で、アウトライン機能を利用したレポートの作成方法や必要となる資料の情報収集、分析方法についての基本的なスキルを学んできました。

　この章では、これまでに作成したデータを利用しながら、レイアウトを工夫し、見やすく、なおかつ説得力のあるレポートを完成させましょう。

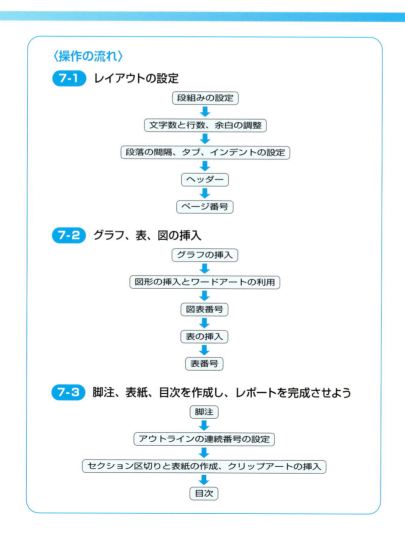

> **ヒント**
> 「文書作成例」
> p.65〜68参照

7-1 レイアウトの設定

　長い文章は、段組みなどのレイアウトを工夫することで見やすくすることができます。提案書など多くの人に読んでもらう文書は、レイアウトの設定を工夫して読みやすいものにすることが大切です。ここでは、第5章で作成した文書に対してレイアウトの設定をしましょう。

● 第5章で保存した文書ファイルを開く

● 段組みの設定（2段組み）

図7-1-1　段組みの設定

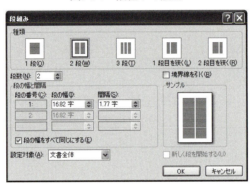

操作手順
Office 2010
　☞ p.135
Office 2013
　☞ p.181
Office 2016
　☞ p.231

● 文字数と行数、余白の調整（ページ設定）

図7-1-2　文字数と行数の設定

操作手順
Office 2010
　☞ p.133
Office 2013
　☞ p.179
Office 2016
　☞ p.230

第7章 レポートの完成

操作手順
Office 2010
　☞ p.136
Office 2013
　☞ p.182
Office 2016
　☞ p.232

● 段落の間隔、インデント、タブの設定

図7-1-3　段落の詳細設定

図7-1-4　段組み、段落の設定例

はじめに
　学園祭を広報する手段として、モバイル・インターネットを利用することを提案したい。なぜなら、日常生活の様々な情報を知る手段として、場所を問わず思い立ったその場でインターネットを利用することが一般化しているからである。特に、学園祭来場者の核となる10代、20代の若者では、スマートフォン等を使用したモバイル・インターネットの利用が多いことも分かっている。
　そこで、今年度はモバイル・インターネットを使って学園祭を広報するとともに、その広告に割引クーポンを掲載したり、当時のイベント情報をタイムリーに更新したりすることで集客力を高めることを目指す。

提案
　インターネットの利用状況
　近年、レジャーや日常生活の情報をインターネットから入手することが一般化しているが、今や、インターネットをモバイル端末から利用している割合がPCからの利用を上回っている。(「情報通信白書」総務省)

　具体的な広報手段の提案
　特に、学園祭の主なターゲットとなる10代、20代の若者は、スマートフォン等を利用したモバイル・インターネットで情報を収集することが日常的になっている。そこで、モバイル・インターネットでの閲覧に適したモバイル端末向けのコンテンツを散りばめたWebサイトを作成し、学校へのアクセスや学園祭の日程や展示物、模擬店やイベントなどの詳しい情報を告知することを提案したい。

　集客に役立つ工夫
　単に学園祭の情報を提示するだけではなく、各種模擬店の割引券や展示場で記念品を受け取ることのできるクーポンもWebサイトから入手できるようにすることで、集客力を高めたい。
　また、学園祭当日のイベント開催情報やお勧め情報を更新することで来場者の利便性を向上させ、ひいては参加意欲や購買意欲の向上へもつなげていきたい。

おわりに
　以上のように、モバイル・インターネットは、学園祭のターゲットになる人々への情報提供を容易にするとともに、工夫次第で訪問意欲をも引き出すことに貢献できる手段である。また、当日変更された時間や開催場所といったパンフレットなどの紙媒体ではカバーしにくい学園祭情報をもタイムリーに伝えることができる。さらに、Webを利用した即時的な情報提供は、放送という耳からの情報と違ってスマートフォン等の機器にデータとして記録が残るものなので、利用者の利便性がさらに高まるというメリットもある。
　こうした、利用者の利便性を高めるサービスを提供することで、顧客満足度は向上し、大学の広報や学生間の相互交流といった目的をもつ学園祭がより充実することが期待できるのである。

参考文献
　情報通信白書平成28年度版、「本編第2部 基本データと政策動向」、総務省
　http://www.soumu.go.jp/johotsusintokei/whitepaper/ja/h28/html/nc252110.html

● ヘッダー・フッター

図7-1-5　ヘッダーの設定例

操作手順
Office 2010
☞ p.137
Office 2013
☞ p.183
Office 2016
☞ p.233

キーワード
ルーラー

● スタイルの設定

文字種やインデント等の複雑な書式設定を複数個所に対して素早く効率的に行うため、スタイルを設定します。スタイルを使用して書式を指定する前に、あらかじめ新規にスタイルを作成しておきます。

図7-1-6　スタイルウィンドウとスタイル作成ダイアログボックス

ヒント
スタイルで「選択個所と一致するように更新」使用

● 名前を付けて保存

ファイル名の例：「学園祭広報提案書」

操作手順
Office 2010
☞ p.128
Office 2013
☞ p.174
Office 2016
☞ p.224

7-2 グラフ、表、図の挿入

　文章だけではなく、表やグラフも用いて表現することで、より説得力のある提案書を作成することができます。また、吹き出しなどの図を挿入することで、読み手の目を引く効果が得られることもあります。ここでは、第6章で作成したデータを利用して、グラフなどを挿入します。資料が加わったことにより、文章でそれらの内容を補う必要が生じた場合、適宜、加筆・修正を行います。

● グラフの挿入（コピーと貼り付け）

　第6章で作成した Exel のデータからグラフをコピーして貼り付けます。

図7-2-1　形式を選択して貼り付け

操作手順
Office 2010
　☞ p.140
Office 2013
　☞ p.186
Office 2016
　☞ p.236

キーワード
形式を選択して貼り付け
拡張メタファイル

● 図形の挿入とワードアートの利用

図7-2-2　図形（吹き出し）の挿入例

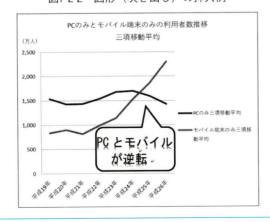

操作手順
Office 2010
　☞ p.141, 143
Office 2013
　☞ p.187, 189
Office 2016
　☞ p.237, 240

キーワード
オートシェイプ＞吹き出し
グループ化

● 図番号の設定

図7-2-3　図番号の設定

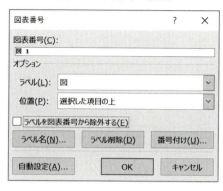

図7-2-4　図番号の設定例

操作手順
Office 2010
☞ p.149
Office 2013
☞ p.195
Office 2016
☞ p.245

● 表の挿入

図7-2-5　表の挿入設定

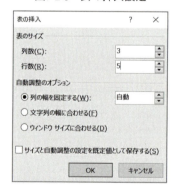

図7-2-6　表の作成例

月日	催し	開催時間
10/18	前夜祭	18:00～20:00
10/19	学園祭1日目	11:00～18:00
10/20	学園祭2日目	10:00～17:00
	後夜祭	18:00～20:00

操作手順
Office 2010
☞ p.147
Office 2013
☞ p.193
Office 2016
☞ p.244

第7章 レポートの完成

操作手順
Office 2010
☞ p.149
Office 2013
☞ p.195
Office 2016
☞ p.245

●表番号の設定

図7-2-7　表番号の設定

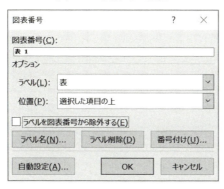

図7-2-8　表番号の設定例

表 1　学園祭日程

月日	催し	開催時間
10/18	前夜祭	18:00～20:00
10/19	学園祭1日目	11:00～18:00
	学園祭2日目	10:00～17:00

7-3　脚注、表紙、目次を作成し、レポートを完成させよう

　レポートが複数ページに及ぶ場合、目次が付いていると便利です。また、内容の補足説明をしたい時や参考文献を示したい場合、ページの終わりや文末に脚注を作成すると読者の理解度を高めることができます。さらに、セクション区切りを利用することでセクションごとに異なる書式を適用することができます。

操作手順
Office 2010
☞ p.150
Office 2013
☞ p.195
Office 2016
☞ p.246

●脚注

　本文中の語で説明の必要なもの（例：PC、SNS等）に脚注を設定し、簡潔な内容で語の意味を記します。

067

図7-3-1　脚注の例

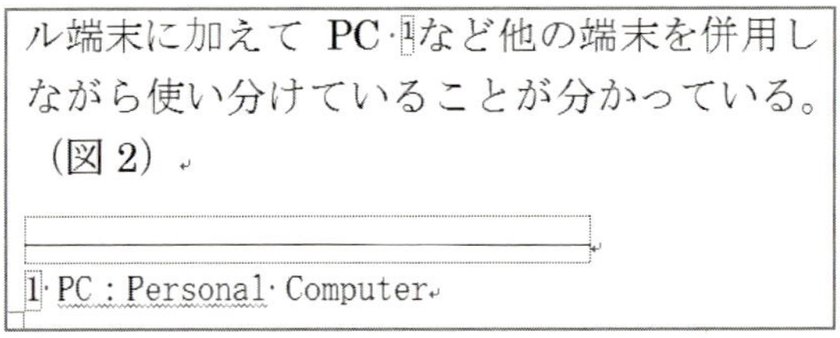

```
ル端末に加えて PC¹など他の端末を併用し
ながら使い分けていることが分かっている。
（図2）

1 PC：Personal Computer
```

● **リストの設定**

見出しにリストを設定し、各見出しについてリストのレベルを設定します。

※例：1、1.1、1.1.1…

操作手順
Office 2010
　　☞ p.150
Office 2013
　　☞ p.196
Office 2016
　　☞ p.247

図7-3-2　リストの例

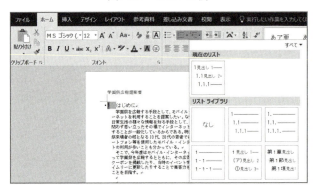

● **ページ番号の設定**

ページ番号の書式設定を行った上で、ページ下部にページ番号を挿入します。

操作手順
Office 2010
　　☞ p.138
Office 2013
　　☞ p.184
Office 2016
　　☞ p.235

図7-3-3　ページ番号の書式設定

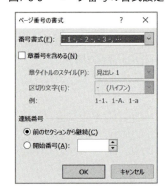

第7章　レポートの完成

操作手順
Office 2010 ☞ p.141, 151 Office 2013 ☞ p.187, 197 Office 2016 ☞ p.238, 248

● **表紙の作成とオンライン画像の挿入、セクション区切り**

　表紙を作成した後、セクション区切りを挿入して、表紙とその他のページのレイアウトでページ番号に異なる設定を施します。

図7-3-4　表紙の作成とセクション区切り例

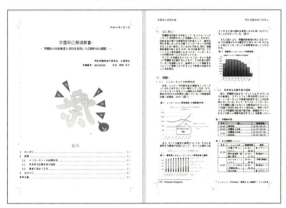

操作手順
Office 2010 ☞ p.152 Office 2013 ☞ p.198 Office 2016 ☞ p.248

● **目次の挿入**

図7-3-5　目次の設定例

操作手順
Office 2010 ☞ p.129 Office 2013 ☞ p.175 Office 2016 ☞ p.225

操作手順
Office 2010 ☞ p.132 Office 2013 ☞ p.178 Office 2016 ☞ p.228

● **文章の推敲とレイアウト等のチェック**

● **文書の上書き保存**

操作手順
Office 2010 ☞ p.134 Office 2013 ☞ p.180 Office 2016 ☞ p.230

● **ページ設定の確認**

● **文書の印刷**

069

平成 29 年 6 月 1 日

学園祭広報提案書
― 学園祭の多数集客と成功を目指した広報手段の提案 ―

同友学園祭実行委員会　広報部会
学籍番号：S0123456　　氏名：同友 花子

目次

1　はじめに	- 1 -
2　提案	- 1 -
2.1　インターネットの利用状況	- 1 -
2.2　具体的な広報手段の提案	- 1 -
2.3　集客に役立つ工夫	- 2 -
3　おわりに	- 2 -
参考文献	- 2 -

学園祭広報提案書　　　　　　　　　　　　　　　　　　　　　　　同友学園祭実行委員会

1　はじめに

　学園祭を広報する手段として、モバイル・インターネットを利用することを提案したい。なぜなら、日常生活の様々な情報を知る手段として、場所を問わず思い立ったその場でインターネットを利用することが一般化しているからである。特に、学園祭来場者の核となる10代、20代の若者では、スマートフォン等を使用したモバイル・インターネットの利用が多いことも分かっている。

　そこで、今年度はモバイル・インターネットを使って学園祭を広報するとともに、その広告に割引クーポンを掲載したり、当時のイベント情報をタイムリーに更新したりすることで集客力を高めることを目指す。

2　提案

2.1　インターネットの利用状況

　近年、レジャーや日常生活の情報をインターネットから入手することが一般化しているが、今や、インターネットをモバイル端末から利用している割合がPC[1]からの利用を上回っている。(「情報通信白書」総務省、2016)（図1）

図1　インターネット利用者数（三項移動平均）

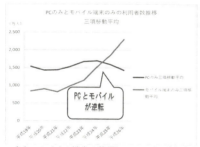

　また、モバイル端末の使用についても、それらを使用する環境や状況によって、モバイル端末に加えてPCなど他の端末を使用しながら使い分けていることが分かっている。(図2)

　さらに図3より、学園祭来場者の核となる10～20代の若者からその親世代である30～50代において特にインターネットの利用者が多いこともわかる。

図3　年齢別インターネット利用者数

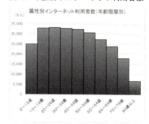

2.2　具体的な広報手段の提案

　特に、学園祭の主なターゲットとなる10代、20代の若者は、スマートフォン等を利用したモバイル・インターネットで情報を収集することが日常的になっている。そこで、モバイル・インターネットでの閲覧に適したモバイル端末向けのコンテンツ[2]を散りばめたWebサイトを作成し、学校へのアクセスや学園祭の日程や展示物、模擬店やイベントなどの詳しい情報を告知することを提案したい。

表1　学園祭日程

月日	催し	開催時間
10/18	前夜祭	18:00～20:00
10/19	学園祭1日目	11:00～18:00
10/20	学園祭2日目	10:00～17:00
	後夜祭	18:00～20:00

表2　主な学園祭イベント

月日	イベント名	開催時間	場所
10/19	学園小町コンテスト	11:20～12:40	第1グラウンド
	同友会寄席（落語と漫才）	15:00～17:30	同友記念ホール
10/20	ロックオン・フェスト	13:00～15:40	S号館大講義室
	ミュージカル同好会「歌舞伎座の怪人」	14:30～16:00	同友記念ホール
	花火大会		第1グラウンド

図2　端末別にみたインターネット利用者数の推移

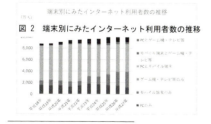

---

[1] PC : Personal Computer

[2] コンテンツ：Contents・提供される情報サービスの中身

学園祭広報提案書　　　　　　　　　　　　　　　　　　　同友学園祭実行委員会

2.3 集客に役立つ工夫

単に学園祭の情報を提示するだけではなく、各種模擬店の割引券や展示場で記念品を受け取ることのできるクーポンもWebサイトから入手できるようにすることで、集客力を高めたい。

図4 模擬店割引クーポンの例

また、学園祭当日のイベント開催情報やお勧め情報を更新することで来場者の利便性を向上させ、ひいては参加意欲や購買意欲の向上へもつなげていきたい。さらには、各委員が中心となって、SNS[3]やミニブログを通した地域への呼びかけも行っていく。

3 おわりに

以上のように、モバイル・インターネットは、学園祭のターゲットになる人々への情報提供を容易にするとともに、工夫次第で訪問意欲をも引き出すことに貢献できる手段である。また、当日変更された時間や開催場所といったパンフレットなどの紙媒体ではカバーしにくい学園祭情報をもタイムリーに伝えることができる。さらに、Webを利用した即時的な情報提供は、放送という耳からの情報と違ってスマートフォン等の機器にデータとして記録が残るものなので、利用者の利便性がさらに高まるというメリットもある。

こうした、利用者の利便性を高めるサービスを提供することで、顧客満足度は向上し、大学の広報や学生間の相互交流といった目的をもつ学園祭がより充実することが期待できるのである。

参考文献

情報通信白書平成28年度版、「本編第2部 基本データと政策動向」、総務省、2016
http://www.soumu.go.jp/johotsusintokei/whitepaper/ja/h28/html/nc252110.html

---

[3] SNS : Social Networking Service

第8章
プレゼンテーション

学園祭実行委員会に対して広報でのモバイルインターネットの活用を提案するプレゼンテーションを行います。この章では、これまでに作成したデータ等をもとにして、効果的なプレゼンテーションのための資料作成や説得力あるプレゼンテーションを行うための方法について学びます。

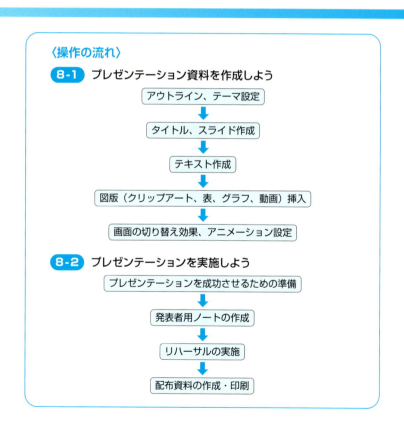

8-1 プレゼンテーション資料を作成しよう

　説得力のあるプレゼンテーションを行うためには要点をまとめた資料、表やグラフ、静止画像、動画像などのマルチメディアを利用した資料を作成する必要があります。ここでは7章で作成したレポートを基に、大学祭の広報の企画についてのプレゼンテーションを完成させます。

キーワード
アウトライン

● PowerPointによるプレゼンテーション・アウトラインの作成

　作業に先立ち、話全体の内容に関わる大まかな部分（アウトライン）を決め、時間配分などを考えてスライドの詳細部分を決めていきます。

図8-1-1　アウトラインの決定

```
[タイトル]・・・学園祭の広報について
1．はじめに
2．提案
　　　・インターネットを利用する理由
　　　・具体的な広報手段の提案
　　　・集客に役立つ工夫
3．おわりに
```

※アウトライン作成では、5章で作成したWordのデータを読み込み、PowerPoint作業ウィンドウ左のスライド一覧をアウトライン表示にして、各スライドのテキストを編集すると効率的です。編集が終了したら、ファイル名を付けて、一旦保存しておきます。

PowerPoint 2016

● PowerPointを起動

キーワード
テーマ設定

● テーマの設定

　テーマを選択することによって、全体的な書式やレイアウトの統一を図るとともに、データ作成を効率的に進めます。

操作手順
Office 2010
　☞ p.168
Office 2013
　☞ p.216
Office 2016
　☞ p.265

第8章　プレゼンテーション

操作手順
Office 2010
　☞ p.169
Office 2013
　☞ p.216
Office 2016
　☞ p.266

● タイトルスライドの作成

図8-1-2　タイトルスライドの作成

キーワード
タイトルスライド
サブタイトル

操作手順
Office 2010
　☞ p.169
Office 2013
　☞ p.217
Office 2016
　☞ p.266

● スライドの挿入

図8-1-3　スライドの挿入

新しいスライド

コンテンツ用アイコン

※新しいスライドを挿入したときには、目的に合ったレイアウトを選択するようにします。

操作手順
Office 2010
　☞ p.169
Office 2013
　☞ p.217
Office 2016
　☞ p.267

● レイアウトの変更

　レイアウト作成後にも、レイアウトを変更することができます。

図8-1-4　レイアウトの変更

キーワード
レイアウト

075

🔑 キーワード
箇条書き
段落

● 箇条書きテキストの作成

文章を入力し、「箇条書き」などの書式を設定します。

図8-1-5　箇条書きテキストの作成

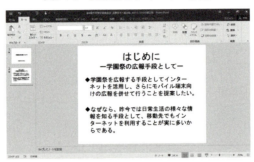

※必要に応じて、「箇条書き」行頭文字を「■」や「◆」、「①」、画像など他の記号に変更します。

操作手順
Office 2010
　☞ p.170
Office 2013
　☞ p.218
Office 2016
　☞ p.267

図ボタン

💡 ヒント
著作権に配慮した上で、Webサイトで提供されている素材集などからの画像を活用することも検討してみましょう。

● 画像の挿入

デジタルカメラで撮影した写真やイメージスキャナで取り込んだ画像などを挿入します。

図8-1-6　画像を挿入したスライド作成

※「図の書式設定」から画像の明るさやコントラストを調整することができます。

操作手順
Office 2010
　☞ p.170
Office 2013
　☞ p.218
Office 2016
　☞ p.268

第8章　プレゼンテーション

● オンライン画像の挿入

操作手順
Office 2010
　☞ p.170
Office 2013
　☞ p.218
Office 2016
　☞ p.268

インターネットを経由して画像を検索した上で選択し、スライドに挿入します。貼り付けた後に、移動・サイズの変更などを行います。

図8-1-7　オンライン画像の検索

● 表の挿入、作成

操作手順
Office 2010
　☞ p.170
Office 2013
　☞ p.218
Office 2016
　☞ p.268

図8-1-8　表の作成

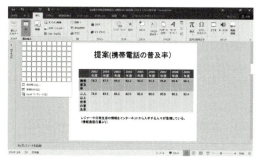

表

※表はスライドレイアウトのコンテンツの中から表を選択し、直接文字や数字を入力して作成する方法と、表計算ソフトで作成した表をコピーして貼り付ける方法があります。

077

グラフの挿入

🔵 グラフの挿入

図8-1-9　グラフの挿入

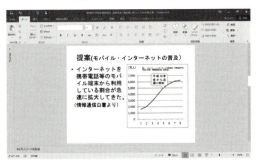

※グラフの挿入は、スライドレイアウトの中からコンテンツを選択し、必要なデータを入力して作成する方法と、あらかじめ表計算ソフトで作成したグラフをコピーし、貼り付ける方法があります。

操作手順
Office 2010
　☞ p.170
Office 2013
　☞ p.218
Office 2016
　☞ p.268

メディアクリップの挿入

🔵 動画の挿入

必要に応じて、あらかじめ作成してある動画を挿入します。

図8-1-10　動画像の挿入

操作手順
Office 2010
　☞ p.170
Office 2013
　☞ p.218
Office 2016
　☞ p.268

🔵 スライドの一覧表示

　スライドの順番や全体的な分量のバランスを確認します。ここでも、スライドの追加・削除・移動を行うことができます。

操作手順
Office 2010
　☞ p.171
Office 2013
　☞ p.218
Office 2016
　☞ p.268

図8-1-11　スライドの一覧表示

● 画面の切り替え効果

画面切り替え時の表示効果や切り替え速度などの設定を行います。

図8-1-12　画面の切り替え効果の設定

操作手順
Office 2010
　☞ p.171
Office 2013
　☞ p.219
Office 2016
　☞ p.268

キーワード
画面切り替え効果

● アニメーション効果の設定

アニメーション効果を設定して、文字や図表表示の際に動きをつけ、印象を深めます。

図8-1-13　アニメーション効果の設定

キーワード
アニメーション効果

※アニメーションが設定されると、設定したテキストなどの左側に表示順序を示す番号が表示され、作業ウィンドウには設定されているアニメーションの一覧が表示されます。

● データの保存（名前を付けて保存）

　　　ファイル名の例：「学園祭広報プレゼン」

8-2 プレゼンテーションを実施しよう

　プレゼンテーションを成功させるためには入念な準備が必要です。一般的には以下のような手順で実施します。

| 1 情報の収集と整理 |
| ⇩ |
| 2 主張の明確化 |
| ⇩ |
| 3 話の組み立て |
| ⇩ |
| 4 プレゼンテーションの資料の作成 |
| ⇩ |
| 5 発表内容の検討 |
| ⇩ |
| 6 リハーサル |
| ⇩ |
| 7 プレゼンテーションの実施 |

● 主張の明確化

　収集した情報を整理して、相手に自分が主張し、伝えたい内容を明確化します。

話の組み立て

テーマと狙いが決定したら、話の全体の組み立てを考えます。一般的には「序論」「本論」「結論」の3つのパートで構成していきます。

序論	話の全体を明確に示し、興味を与えることが重要。
本論	主張したい内容を順序立てて話をする。
結論	本題を簡潔に要約し、重要な部分を再度確認する。

ヒント
プレゼンテーションの内容や趣旨によっては、最初に結論を述べてしまうのも効果的です。

リハーサル

プレゼンテーションに先立ち、必ずリハーサルを行います。時間配分などに十分配慮し、事前に第三者に立ち会ってもらうと自分の欠点がよくわかり、事前の修正も可能になります。また、リハーサルアイコンを利用すると、スライド表示時間などを自動的に計測することができます。

図8-2-1　リハーサルの実施

> **ヒント**
> 配布資料のヘッダー欄にプレゼンを実施する日時や会議テーマを記入すれば、後からメモとしても活用することができます。

● 配布資料の作成

図8-2-2　配布資料の作成

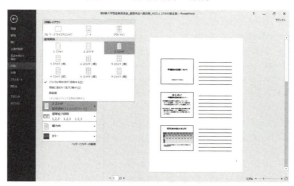

※1枚の用紙に印刷するスライド数を指定することができます。また、ヘッダー欄やフッター欄にも必要な事項をあわせて印刷することができます。

● 発表者用ノートの作成

　プレゼンテーションを行う際の発表内容や補足事項などをスライドごとに記入します。

図8-2-3　発表者用ノートの作成

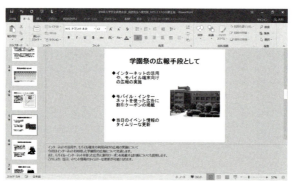

● 上書き保存

操作手順
Office 2010
　　☞ p.172
Office 2013
　　☞ p.220
Office 2016
　　☞ p.269

第8章 プレゼンテーション

操作手順
Office 2010
　☞ p.172
Office 2013
　☞ p.219
Office 2016
　☞ p.269

● **プレゼンテーションの実施**

　前述の準備を行った上で、プレゼンテーションを実施します。発表者ツール（発表者ビュー）等を活用し、効果的な発表になるように努めます。

図8-2-4　発表者ツールの活用

083

● プレゼン用データの完成例

学園祭の広報について

学園祭実行委員会

はじめに
―学園祭の広報手段として―

◆ 学園祭を広報する手段としてインターネットを活用し、さらにモバイル端末向けの広報を併せて行う。

なぜなら

◆ 昨今では日常生活の様々な情報を知る手段として、移動先でもインターネットを利用することが多い。

提案(携帯電話の普及率)

	2002年度	2003年度	2004年度	2005年度	2006年度	2007年度	2008年度	2009年度
携帯普及率	78.2	87.5	94.4	92.2	90.0	91.3	95.0	95.6	96.3
二人以上世帯の普及率	78.6	83.3	85.1	82.0	85.3	88.0	90.5	90.2	92.4

レジャーや日常生活の情報をインターネットから入手する人々が急増している。
(情報通信白書より)

提案(モバイル・インターネットの普及)

- インターネットを携帯電話等のモバイル端末から利用している割合が急速に拡大してきた。
(情報通信白書より)

学園祭の広報手段として

◆ インターネットの活用や、モバイル端末向けの広報の実施

◆ モバイル・インターネットを使った広告に割引クーポンの掲載

◆ 当日のイベント情報のタイムリーな更新

具体的な広報手段の提案

◆ モバイル・インターネットでの閲覧に適した携帯電話向けのWebコンテンツを散りばめたWebサイトの作成

◆ 学校へのアクセスや学園祭の日程など、展示物、模擬店やイベントなどの詳しい情報の告知

集客に役立つ工夫

- 各種模擬店の割引券や展示場で記念品を受け取ることのできるクーポンをWebサイトから入手できるようにする。
- 学園祭当日のイベント開催情報やお勧め情報をアップデートする。

携帯電話を利用した企画

- 各種模擬店の割引券
- 展示場で記念品を受け取ることのできるクーポン
- 学園祭当日のイベント開催情報やお勧め情報

Webサイトから入手

昨年度の大学祭の様子

本年度の大学祭広報のポイント

➢ モバイル・インターネットは、学園祭のターゲットになる人々への情報提供を容易にするとともに、訪問意欲も引き出すのに役立つ。

➢ 印刷体パンフレットではカバーしにくい、当日変更された時間や開催場所などの学園祭情報をタイムリーに伝えることができる。

➢ 利用者が知りたい情報をいつでも入手可能になるといった利便性の向上を図る。

> **コラム** プレゼンテーションのコツ
>
> 　プレゼンテーションを成功させるためには、これまで学んできたような入念な準備と心がけが大切です。プレゼンテーションを成功に導くためのポイントを以下にまとめておきます。
>
> ### 1．自信を持って堂々と臨む
> 　主張したい内容がどんなに素晴らしくても、自信がなさそうに発表すると、聞き手にとっては大した内容ではないという印象を与えてしまいます。自分の考えは自信を持って堂々と主張するようにしましょう。
>
> ### 2．大きな声でメリハリをつける
> 　聞き手全員に聞こえるように、明瞭な声で発表しましょう。また、抑揚を付けたり、強調したい部分を繰り返したりすることによって、聞き手に内容が明確に伝わります。
>
> ### 3．聞き手全員に話しかける
> 　原稿に頼りすぎて下ばかり見ていると、聞き手に主張が伝わらず、聞き手の印象も悪くなります。アイコンタクトを心がけ、聞き手全員に話かけるようにしましょう。
>
> ### 4．断定的に表現する
> 　「…ではないかと思います」というようなあいまいな表現は自信のない印象を与えます。「…と思います（考えます）」「…です」のように断定的に言い切るようにします。
>
> ### 5．発表後に質疑応答の時間を確保する
> 　質疑を通して、聞き手が抱いていた疑問が解決され、プレゼンテーション全体がより説得力のあるものになるため、質疑応答も含めた時間配分を念入りに検

討します。あらかじめ質問事項を予想し、さらにその回答を考えておくと、スムーズに対応できます。

6．制限時間の厳守
　時間内に発表と質問を終えるように努めなければなりません。そのためには、あらかじめスライドの中で強調したい部分とそうでない部分に選別しておくと、時間調整を行う際に役立ちます。

エクササイズ

● 練習問題
　身近なテーマを取り上げて、プレゼンテーションを企画し、プレゼンテーション資料を作成しましょう。

● チャレンジ問題
　上で作成した資料を使用して実際にプレゼンテーションを実施しましょう。
　また、クラスやグループで、それぞれのプレゼンテーションを互いに評価し合ってみましょう。

第9章
ネットワークを活用したコミュニケーションと学習

　ここまでの学習を通して、レポートや論文作成のためにおおよそ必要な基本スキルの多くは身に付いたことでしょう。ここからは、既習事項を活かしながら、これまで取り組んで来た提案内容に基づいて実際に広く情報発信する方法や、ネットワークを活用した学習などについて学びます。

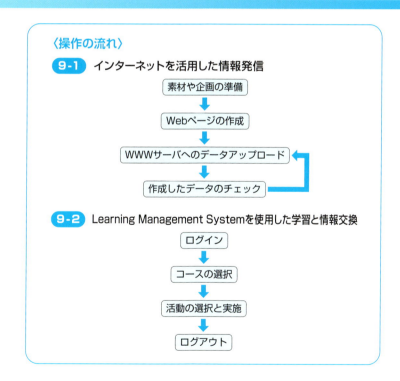

9-1 インターネットを活用した情報発信

　より多くの人々に対して情報発信を効率的に行う方法を考えてみましょう。それには、前章までに考察したように、インターネットの活用が効果的です。現在では、スマートフォンやタブレット端末等を利用したモバイル・インターネットも広く利用されています。そこで、それらモバイル端末からの閲覧を想定したWWW（World Wide Web）による情報の構築と発信について考えてみます。

● **素材を用意**

・テキスト（文章）

・グラフィックス（画像）

・その他（音声、動画等）

※各素材ファイルはあらかじめ作成したフォルダにすべてまとめて保存・格納しておきます。

● **Webサイト（ホームページ）作成ソフト（例：ホームページ・ビルダー）を起動**

ホームページビルダー

図9-1-1　新規ページの作成

※新規Webページを「白紙」から作成します。

第9章　ネットワークを活用したコミュニケーションと学習

● スマートフォン向けWebサイト作成モードに設定

画面解像度を「スマートフォン（縦）」とし、スマートフォン向けの作成モードに設定します。

図9-1-2　作成モードの選択

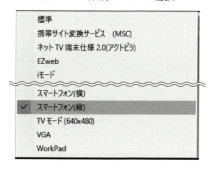

● 文章や画像等の配置

※Webサイトで使用する主な画像ファイル
　　形式：JPEG、GIF

※ワープロソフト等とは異なり、配置された画像等はファイル内に格納されたのではなく、リンクで表示されているため、WWWデータのWWWサーバへのアップロードや保存場所の移動等は、それら画像ファイル等も一緒に行い、ディレクトリの関係性も維持させておきます。

図9-1-3　文章、画像配置

レイアウト部品の挿入

ロゴ（飾り文字）の挿入

写真や画像の挿入

● Webページの保存

作成したWebページをHTMLファイルとして保存します。

図9-1-4　保存

 キーワード
Hyper Text Markup Language

 キーワード
HTMLタグ

※HTMLファイルを保存する場合の拡張子は「.html」または「.htm」とし、トップページのファイル名は「index」に設定します。

リンクの挿入

● リンクの設定

リンク元となる文字列、画像等を選択して、リンクを設定します。

図9-1-5　属性（タグ：リンク）

※htmlファイルや画像などへのリンクをファイル参照で設定する場合、リンク先のデータはあらかじめファイルとして保存しておきます。
※リンク設定などを追加した場合、htmlファイルの上書き保存を行います。

> **重要ポイント**
> 各ページのリンクは、あらかじめ「サイトマップ（画面遷移図）」を作るなどして計画的に行います。

● 作成したデータのプレビューでのチェック

表示を「ページ編集」と「プレビュー」の間で適宜交互に切り換えて、提示画面のイメージを確認しながら作業を進めます。

図9-1-6　プレビューモード表示

第9章　ネットワークを活用したコミュニケーションと学習

●FTPソフト（例：FTPツール）の設定

図9-1-7　ファイル転送設定

キーワード
FTP：File Transfer Protocol

ファイル転送

※WWWサーバへのファイル転送のための情報（サーバ名、アカウント名、パスワード等）を事前に確認しておきます。

●FTPソフトを使用したWWWサーバ（Webサーバ）へのデータのアップロード

図9-1-8　データのアップロード

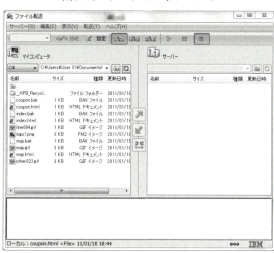

キーワード
WWWサーバ

●実際にスマートフォンを使用したチェック

　可能であれば、スマートフォンのWebブラウザ機能を使用して、実際に表示される様子や不具合がないか等を確認し

キーワード
PDCAサイクル

091

ます。もし問題がある場合は、再度データの編集に戻って問題のある部分を修正した上で、保存やアップロードを行います。完成するまでこの作業を繰り返します。

9-2 その他の方法による情報発信

　WWW（ホームページ）の他にも、インターネットを利用した様々な情報サービスが、現在多くの人々の間で利用されています。それらをうまく活用することで、より効果的な情報発信を行うことができます。以下にそのいくつかを挙げてみます。皆さんも、他にまだ有用なサービスがあるか考えてみましょう。また、それらの活用方法についても考えてみましょう。

● ブログ (Weblog)

● SNS (Social Networking Service)
　例：mixi、Facebook、Instagram 等

● ミニブログ (マイクロブログ)
　例：Twitter 等

9-3 Learning Management System(Moodle)を使用した学習とコミュニケーション

　学習の質を高め、効率的に行うためにも、ネットワークの活用は有効です。そこで、その一つの方法として、Learning Management System（LMS）を使用した学習にも触れておきます。ここではLMSの一例としてMoodleを取り上げます。
　Moodleでは授業の予復習や課題の配布、提出とともに、

第9章　ネットワークを活用したコミュニケーションと学習

メール等による教員と学習者相互の学習上のコミュニケーションや、「フォーラム」によるネットワーク上の討論（オンライン・ディスカッション）などにより、さまざまな形で学習を深めていきます。

● Moodle へのログイン

あらかじめ付与あるいは設定されているユーザ名とパスワードを入力し、システムにログインします。

図9-3-1　ログイン

※もしパスワードが不明な場合、パスワード更新機能（「教えてください」等）から確認、もしくは再設定を行える場合があります（登録時のユーザ名、メールアドレス等が必要）。

● コースの選択

図9-3-2　コースの選択

093

● 活動の選択

コースごとに用意されたトピック内の活動をアウトラインに沿って順に選択し、実施していきます。活動の主なものとして、Webやテキストによる説明、小テストやアンケート、さらに下記のような課題ファイルの送受信やフォーラムなどがあります。

図9-3-3　活動の選択

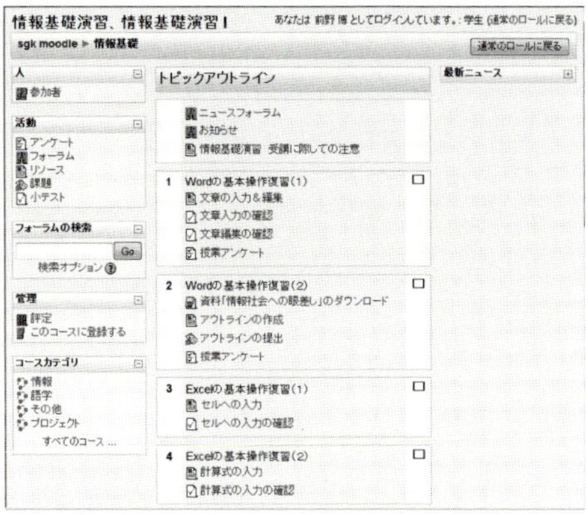

● ファイルのダウンロード

課題や資料等のファイルを自分の使用しているPC内のフォルダなどへ受信（ダウンロード）した上で、学習を進めます。

図9-3-4　ファイルのダウンロード

● ファイルのアップロード

実施した課題等のファイルを自分の使用しているPC内で保存しているフォルダなどからMoodleサーバへ提出（アップロード）します。

図9-3-5 ファイルのアップロード

※「参照」から提出するファイルを選択し、「このファイルをアップロードする」ボタンをクリックして提出します。

● フォーラム

Moodleというネット上の仮想的な空間で、グループ内、さらにはグループ間で複数の人たちが様々な事柄について話し合いながら考え、学習する場がフォーラムです。フォーラムはある人が意見を表明し、「ディスカッショントピック」と称する書き込みに対して、他の人たちが返信の形で意見を返すことでディスカッションを行います。

 キーワード

チャット

電子掲示板

※グループで研究を行うような場合、トピックを使用して調べた結果や考察内容を分類していくと、グループ全体の活動状況やプロジェクトの進捗状況をメンバー全員で共有することが容易になります。

図9-3-6 ディスカッションの例－1

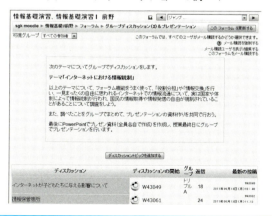

図9-3-7　ディスカッションの例－2

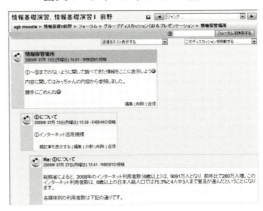

● ログアウト

※ログインしたままの状態で長時間放置した場合も自動的にログアウトの状態に移行しますが、セキュリティ対策の観点から Moodle を終了する際には必ずログアウトするようにしましょう。

あとがき

　世界には無数のプロジェクトがあり、その成果・成果物があり、それと共に無数のコンテンツが産み出されています。それらには多かれ少なかれ複数の人々が関わり、その協力が成果へと結びつけています。本書も例外ではなく、何人もの方々の能力と努力が結集して生まれました。まさに、本書においての情報リテラシーで学ぶ、情報の収集から課題解決までの協働作業のプロセスが体現されたものと言えるでしょう。

　編者として、また著者の一人として、共に執筆に携わって下さった先生方、そして本書全体を監修し執筆まで行って下さった静岡大学名誉教授、東洋大学教授の淺間正通先生に心より感謝申し上げます。また、多くの課題に共に取り組み、解決に導いて下さった株式会社同友館の佐藤様に感謝申し上げます。

　ところで、本書冒頭にも述べさせていただいたように、この数年間でICT環境は大きく変化してきました。しかし、その変化の中においても本質面において変わらないものはあります。本書はそのような状況を反映し、形式や手順など多くにおいて前書の内容を維持・踏襲しています。その一方で、数年間の実際の授業等における本書の活用を通して新たに明らかとなった事象も少なくはなく、それらを基に多くの内容が変化したり追加されたりしています。そのため、前書第2版とするのではなく、書名を新たに整え、表紙も新たに装いました。

　そして、次の数年。さらに多くの変化が訪れるでしょうが、本書における基本的な考え方は大切にしながらも、新たな変化を楽しく受け入れつつ、また新たなテキストへと今日から備えていきたいと考えています。春の訪れを感じつつ、キャンパスから今年も多くの若者が巣立つのを眺めながら。

前野　博

【著者略歴】

復本 寅之介（ふくもと とらのすけ）……………［本編］第1章 ［操作編］操作－1　執筆
　　名古屋大学大学院国際開発研究科助教、愛知工業大学非常勤講師

村田 幸則（むらた ゆきのり）………………［本編］第2章コラム（CCとBCC、電子メールのマナー、電子メールと
　　藤田保健衛生大学医療科学部助教　　　　　　　SNSについて）　執筆

西岡 久充（にしおか ひさみつ）……………［本編］第3章コラム（引用のルール、著作権）　執筆
　　龍谷大学経営学部准教授

中村 真二（なかむら しんじ）………………［本編］第3章コラム（社会で求められる情報活用能力）　執筆
　　静岡県立小山高等学校　副校長

小川 勤（おがわ つとむ）…………………［本編］第8章 ［操作編］操作－4～6（PowerPoint関連項目）　執筆
　　山口大学　大学教育センター副センター長・教授、同学生特別支援室長

【監修者略歴】

淺間 正通（あさま まさみち）
　静岡大学名誉教授。東洋大学教授。早稲田大学講師。上越教育大学大学院修了。カリフォルニア州立大学国際研究センター客員研究員（1995～1996）。静岡大学情報学部情報社会学科長（2007～2008）。現在、東洋大学朝霞キャンパス・ラーニングサポートセンター長。異文化間情報ネクサス学会会長。
　著（編）書に『デジタル時代のクオリティライフ』『デジタル時代のアナログ力』（学術出版会）、『異文化理解の座標軸』（日本図書センター）、『情報社会のネオスタンダード』（創友社）ほか、論文、雑誌、新聞記事多数。

【編著者略歴】

前野 博（まえの ひろし）･･･････････････････全体編集、［本編］第2～7章　［操作編］操作－2～6　執筆
　至学館大学健康科学部准教授、同情報処理センター長。大阪音楽大学卒、神戸大学大学院修了。
　著書に『PBLスタイル 情報リテラシーテキスト』（同友館）、『音楽Macの作り方』『ビデオMacの作り方』『よく効く電子メールのトラブルシューティング』『あなたの知らないPowerBook活用のキモ』『モバイルGPSハンドブック』（以上、毎日コミュニケーションズ）、『Macintoshユーザ検定試験対策テキスト』（メディアファクトリー）ほか、論文、雑誌連載等多数。

2017年 4 月 30 日　第1刷発行
2021年 4 月 30 日　第2刷発行　　〈検印省略〉

実践 情報リテラシー
―基礎から応用まで―

Ⓒ監修者　　　　淺　間　正　通
　発行者　　　　脇　坂　康　弘
　発行所　　　㈱ 同 友 館
　　　　　　東京都文京区本郷3-38-1
　　　TEL：03(3813)3966　FAX：03(3818)2774
　　　　　URL　https://www.doyukan.co.jp

乱丁・落丁はお取替えいたします。　印刷：三美印刷／製本：松村製本所
ISBN 978-4-496-05272-9　　　　　　　　　Printed in Japan

実践 情報リテラシー

基礎から応用まで

【操作編】

[監修] 淺間 正通　Asama Masamichi
[編著] 前野 博　Maeno Hiroshi
[著] 小川 勤　Ogawa Tsutomu
中村 真二　Nakamura Shinji
西岡 久充　Nishioka Hisamitsu
復本 寅之介　Fukumoto Toranosuke
村田 幸則　Murata Yukinori

同友館

【操作編】

目次

- 操作−1　基本操作の確認 ……………………………………………………………… 105
  - 1−1　PCの起動と終了　105
  - 1−2　マウスを使ったウィンドウ操作　107
  - 1−3　メモの入力と保存　108
  - 1−4　ファイルとフォルダの管理　109
- 操作−2　電子メールの利用 …………………………………………………………… 111
  - 2−1　Windowsメール　111
  - 2−2　Microsoft Outlook　114
  - 2−3　Webメールサービス　118
- 操作−3　WWWブラウザの操作 ……………………………………………………… 123
  - 3−1　Internet Explorer　123
- 操作−4　Microsoft Office 2010の操作 ……………………………………………… 127
  - 4−1　MS Word 2010　127
  - 4−2　MS Excel 2010　155
  - 4−3　MS PowerPoint 2010　168
- 操作−5　Microsoft Office 2013の操作 ……………………………………………… 173
  - 5−1　MS Word 2013　173
  - 5−2　MS Excel 2013　201
  - 5−3　MS PowerPoint 2013　216
- 操作−6　Microsoft Office 2016の操作 ……………………………………………… 223
  - 6−1　MS Word 2016　223
  - 6−2　MS Excel 2016　251
  - 6−3　MS PowerPoint 2016　265

操作-1 基本操作の確認

1-1　PC の起動と終了

　OS のバージョンや設定等 PC の利用環境により「PC を起動した後のサインイン（ログオン）」や「終了」の操作方法は異なる場合があります。

≫ PC の起動

1．PC 本体の電源ボタンを押して PC を起動
2．サインイン
　Windows10でのサインイン操作は、通常は次の A ～ C となります。

A．キーボードから Ctrl + Alt + Del を押す→サインイン画面の表示→ユーザー名とパスワードの入力

図1-1-1　サインイン時のユーザー名とパスワード入力

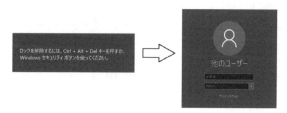

B．画面をクリック→サインイン画面の表示→ユーザーの画像をクリック→パスワードの入力

図1-1-2　サインイン時のユーザー名とパスワード入力

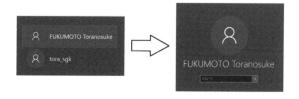

C．ユーザー名やパスワードの入力操作の手続きなし
※セキュリティ面から好ましくない設定です。

▶▶▶**デスクトップ画面が表示される**

≫ PC の終了

Windows10での終了オプション画面は、通常は次の A 〜 C となります。

A.「スタートボタン」をクリック→「スタートメニュー」の表示→「電源」⏻ をクリック→「シャットダウン」または「再起動」をクリック

図1-1-3 終了オプション画面　A

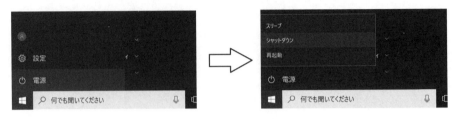

B.「スタートボタン」を右クリック→「シャットダウン」または「サインアウト」を選択→「サインアウト」「シャットダウン」「再起動」のいずれかを選択

図1-1-4 終了オプション画面　B

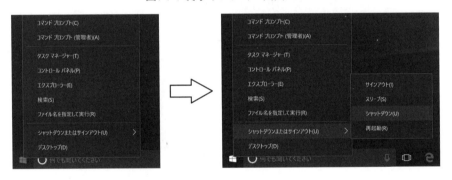

C. キーボードから Alt + F4 を押す→「サインアウト」「シャットダウン」「再起動」のいずれかを選択

図1-1-5 終了オプション画面　C

※「サインアウト（ログオフ）」を選択した場合、サインイン（ログオン）画面の状態に戻ります。

1-2 マウスを使ったウィンドウ操作

PCの操作で重要な「マウスの基本操作」と「ウィンドウの基本操作」を次表にまとめます。

≫ マウスの基本操作

表1-2-1 マウスの基本操作

操作の名称	操作の概念
ポイント	選択、説明の表示
クリック	選択の決定
右クリック	コンテキストメニューの表示
ダブルクリック	ファイルを開く、アプリケーションソフトウェアを開く
ドラッグ&ドロップ	移動
ドラッグ&リリース	範囲選択
[Ctrl]+クリック	複数選択（任意選択）
[Shift]+クリック	複数選択（範囲選択）

≫ ウィンドウの基本操作

表1-2-2 ウィンドウの基本操作

操作の目的	アイコン	操作の概要
移動		タイトルバーをポイントしてドラッグ
サイズ変更		ウィンドウの辺または頂点をポイントしてドラッグ
閉じる	×	（閉じる）ボタンをクリック
最大化	□	（最大化）ボタンをクリック
元に戻す（縮小）	🗗	（元に戻す（縮小））ボタンをクリック
最小化	―	（最小化）ボタンをクリック
最小化の復元		タスクバーのプログラムボタンをポイントして表示されるサムネイル画像をクリック
順序の変更		手前に置きたいウィンドウをクリック
デスクトップの表示		タスクバー右端を右クリック→「デスクトップの表示」選択

※「デスクトップの表示」ボタンがタスクバーに表示されている場合は、それをクリックするとデスクトップが表示されます。
※選択されて最も手前にあるウィンドウをアクティブウィンドウと呼びます。

1-3　メモの入力と保存

アプリケーション・ソフトウェアを操作する時、通常は何通りかの操作方法があります。効率の良い操作を行うため、基本的な操作方法について以下にまとめます。

≫いろいろな操作の方法

アプリケーション・ソフトウェアの主な操作は、次のA～Dの方法があります。ここでは、ワードパッドやメモ帳を使って、文字列の「コピー」についての複数の操作方法を確認します。

A）リボンによる操作

　　コピーする文字列を選択→リボンの「ホーム」をクリック→ 「コピー」ボタンをクリック

図1-3-1　リボンによる操作（ワードパッド）

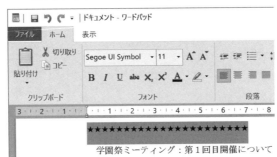

B）メニューバーによる操作

　　コピーする文字列を選択→メニューバーの「編集」メニューから「コピー」を選択

図1-3-2　メニューバーによる操作（メモ帳）

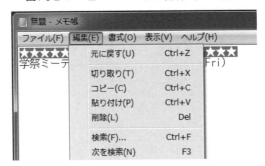

C）右クリックによる操作

　　コピーする文字列を選択→右クリックしてコンテキストメニューを表示→「コピー」を選択

図1-3-3 右クリックによる操作命令の実行

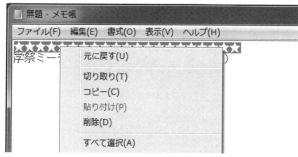

D）キーボードショートカットによる操作

　コピーする文字列を選択→キーボードから Ctrl ＋ C を押す

※メニューバーの命令項目（コマンド名）の後に記載されているアルファベットが、キーボードショートカットによる操作方法にあたります（図1-3-3参照）。
※切り取りや貼り付けも上記と同様の操作方法があります。

1-4　ファイルとフォルダの管理

ファイルの再利用やフォルダを使ったファイルの整理は、作業効率の向上につながります。ここでは、ファイルの複製や移動などの操作について説明します。

≫フォルダの作成

1．ウィンドウ内で右クリック→コンテキストメニューから「新規作成」→「フォルダ」を選択

▶▶▶フォルダが作成される

2．フォルダの名前（フォルダ名）を入力→ Enter

≫フォルダやファイルの名前の変更

1．変更したいフォルダやファイルを右クリック→コンテキストメニューから「名前の変更」を選択

2．フォルダ名あるいはファイル名を入力→ Enter

≫ファイルの複製

1．複製元ファイルを開いて編集中の場合、ファイルを保存して閉じる
2．複製元ファイルを右クリックし、コンテキストメニューから「コピー」を選択
3．複製先ウィンドウを開く

4．複製先ウィンドウ内で右クリックし、コンテキストメニューから「貼り付け」を選択

図1-4-1　ファイルの複製

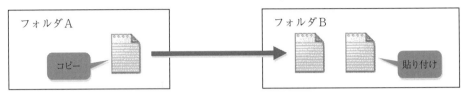

≫ ファイルの移動

1．移動元ファイルを開いて編集中の場合、ファイルを保存して閉じる
2．移動元ファイルを右クリックし、コンテキストメニューから「切り取り」を選択
3．移動先ウィンドウを開く
4．移動先ウィンドウ内で右クリックし、コンテキストメニューから「貼り付け」を選択

図1-4-2　ファイルの移動

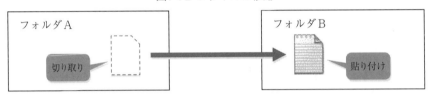

※複数ファイルを特定のフォルダへまとめる場合も、「ファイルの移動」操作を行います。
※フォルダ間の移動や複製の他、USBメモリ等の外部記憶装置との移動や複製も同様の方法で行います。

操作-2　電子メールの利用

2-1　Windows メール

　Windows メール（以下「メール」）を利用した電子メールの送受信に関する操作について解説します。

≫ メールの起動
　「スタート」メニューから「メール」を選択

図2-1-1　メール 受信トレイウィンドウ

≫ 新規メールの作成
　1．「受信トレイ」ウィンドウ左側の「新規メール」をクリック

▶▶▶受信トレイが新規メール作成画面に変わる

図2-1-2　新規メール作成画面

2．宛先と件名、本文を入力
3．「送信」ボタンをクリック

▶▶▶**メールが送信され、送信されたメールが「送信済みメール」に保存される**

≫宛先の入力
A）キーボードから宛先欄に送信先メールアドレスを入力
B）People アプリを利用して宛先を入力
1．受信者の追加アイコン🔲をクリック

▶▶▶連絡先の一覧が開く

2．名前を選択→メールアドレスを選択

図2-1-3 連絡先の一覧

※上記B）の方法では事前に People 等で送信先メールアドレスの登録をしておきます。

≫受信メールの確認
「メール」起動時に表示される「受信トレイ」で受信されている電子メールのリストから内容を確認したいメールをクリック

▶▶▶メールの内容が表示される

図2-1-4 受信メールウィンドウ

※さらに最新のメールが受信されていることを確認する場合は、「このビューを同期」🗘をクリックします。
※添付ファイルがある場合は、その添付ファイルをクリックすると、ファイルが開きます（または、右クリックで開くコンテキストメニューから「保存」または「開く」を選択）。
※メールの確認画面からメールの受信リストに戻る場合、ウィンドウ上部のタイトルバー左端の←をクリックします。

≫ メールの返信

1．返信したいメールを開いた（表示させた）上で、ツールバーから「←返信」をクリック

▶▶▶**返信メールの画面が開く**

図2-1-5 返信メール画面

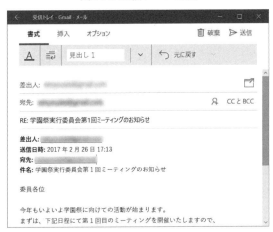

2．メッセージと宛先等を入力し、送信

≫ メールの削除
A）不要なメールを右クリックして開くコンテキストメニューから「削除」を選択
B）開いたメール画面ウィンドウ🗑「削除」をクリック

▶▶▶ メッセージが削除（ごみ箱に移動）される

※上記の操作でメッセージを削除しても、PCから削除されるのではなく「ごみ箱」にまだ保存されています。メールをPCから完全に削除したい場合は、「フォルダー」→「その他」から「すべてのフォルダー」→「ゴミ箱」を選択し、その中から完全に削除したいメールを選択した上で、さらに🗑「削除」をクリックします（またはゴミ箱を右クリック→「フォルダーを空にする」を選択）。

≫ 添付ファイルの挿入
1．新規メール作成画面のツールバーから「挿入」をクリック
2．「ファイル」をクリック

▶▶▶「開く」ダイアログ ボックスが開く

3．添付したいファイルを選択し、「開く」ボタンをクリック

図2-1-6「開く」ダイアログ ボックス

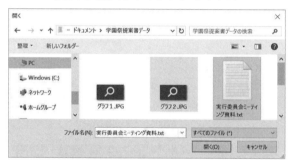

2-2　Microsoft Outlook

Microsoft Outlook 2016を利用したメールの送受信に関する操作について解説します。

≫ Microsoft Outlook の起動
「スタート」メニューから「Outlook 2016」を選択

※Outlook 2016がスタート画面にピン留めされている場合は、そのアイコンをクリックして起動することもできます。

図2-2-1 Outlook 起動・受信トレイウィンドウ

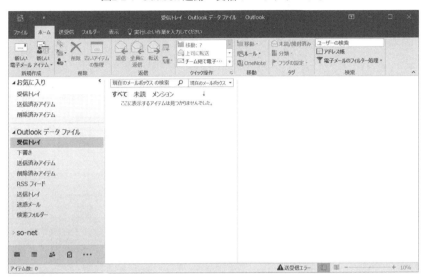

≫メール（メッセージ）の作成

1．「ホーム」タブの「新規作成」から「電子メール」をクリック

▶▶▶「メッセージ」ウィンドウが開く

※リボンや「新しい電子メール」ボタンがない場合は、ウィンドウ上部のタイトルバーにある◨（リボンの表示オプション）で表示させます。

図2-2-2「メッセージ」ウィンドウ

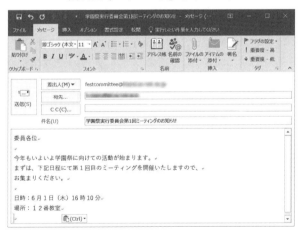

2．「メッセージ」ウィンドウで宛先と件名、本文を入力
3．「送信」ボタンをクリック

▶▶▶メールが送信され、送信されたメールが「送信済みアイテム」に保存される

≫宛先の入力
A）キーボードから宛先欄に送信先メールアドレスを入力
B）「連絡先」を利用して宛先を入力
1．「宛先…」ボタンをクリック

▶▶▶「連絡先」が開く

2．名前を選択し、「宛先」「CC」「BCC」ボタンをクリック（または名前をダブルクリック）
3．「OK」ボタンをクリック

図2-2-3 名前の選択

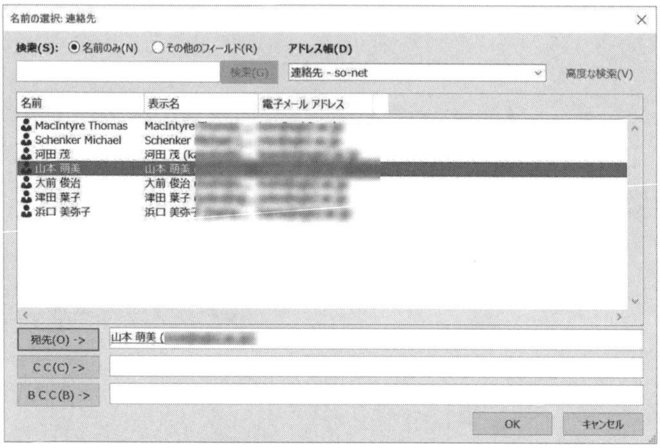

※連絡先から宛名を選択する場合には、事前に連絡先に送信先メールアドレスの登録をしておきます。

≫受信メールの確認
「送受信」タブの「送受信」から「すべてのフォルダーの送受信」をクリック

▶▶▶送受信が開始され、メールがある場合は「受信トレイ」に保存される

※受信メールをクリックすると、プレビューウィンドウにメールの内容が表示されます。さらに、メールをダブルクリックすると、メール内容だけが表示されるメールウィンドウが開きます。
※添付ファイルがある場合は、その添付ファイルをダブルクリックすると、ファイルが開きます（MS Officeファイル等の場合はシングルクリックでプレビュー可能）。

図2-2-4 受信メールウィンドウ

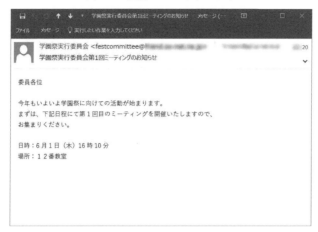

≫ メールの返信

1. 返信したいメールを選択（開く）した上で、プレビュー表示上部の「返信」をクリック、またダブルクリックでメッセージを開いている場合は、「メッセージ」タブの「返信」から「返信」をクリック

▶▶▶返信メールの「メッセージ」作成に

図2-2-5 「メッセージ」タブ

2. メッセージと宛先等を入力し、送信

≫ メールの削除

1. 不要なメールを選択
2. 「ホーム」タブの「削除」から「削除」をクリック、またはキーボードから Delete を押す

▶▶▶削除（削除済みアイテムに移動）される

※上記の操作でメッセージを削除しても、PCから削除されるのではなく「削除済みアイテム」にまだ保存されています。メールをPCから完全に削除したい場合は、削除済みアイテムを右クリックし「フォルダーを空にする」を選択します。

≫**添付ファイルの挿入**

1．メッセージウィンドウの「挿入」タブの「挿入」から「ファイルの添付」をクリック

▶▶▶**ファイル選択のメニューが開く**

2．「この PC を参照…」をクリック

▶▶▶**「ファイルの挿入」ダイアログ ボックスが開く**

図2-2-6「ファイルの挿入」ダイアログ ボックス

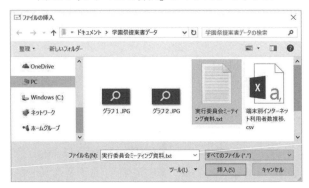

3．「ファイルの挿入」ダイアログ ボックスで添付するファイルを選択
4．「開く」ボタンをクリック

2-3　Web メールサービス

Web メールサービスを利用したメールの送受信に関する操作について Gmail を例に解説します。

≫**Gmail へのアクセス**

1．ブラウザを起動し、アドレス欄に Gmail の URL を入力
　　⇒ http://mail.google.com/

※デスクトップに Gmail のショートカットが作成されている場合は、それをダブルクリックして開くこともできます。
※以下のアクセス、ログインの手順においては、教室や自宅等、PC やネットワークの設定によって操作方法が異なる場合があります。

▶▶▶**Gmail のログイン画面が表示される**

図2-3-1　ログイン画面

2．メールアドレスとパスワードを入力し、「ログイン」をクリック

▶▶▶ **Gmailの受信トレイが表示される**

図2-3-2　Gmail 受信トレイ

≫新規メールの作成

1．「受信トレイ」ウィンドウ左側の「作成」ボタンをクリック

▶▶▶ **「新規メッセージ」ウィンドウが開く**

図2-3-3　「新規メッセージ」ウィンドウ

2．宛先と件名、本文を入力
3．「送信」ボタンをクリック

▶▶▶**メールが送信され、送信されたメールが「送信済みメール」に保存される**

≫宛先の入力
A）キーボードから宛先欄に送信先メールアドレスを入力
B）「連絡先」を利用して宛先を入力
1．「受信者」をクリックして表示される「To」ボタンをクリック

▶▶▶「連絡先の選択」ダイアログ ボックスが開く

2．連絡先を選択し「選択」ボタンをクリック

図2-3-4　名前の選択

※連絡先から宛名を選択する場合には、事前に連絡先に送信先メールアドレスの登録をしておきます。

≫受信メールの確認
　Gmailログイン後に表示される「受信トレイ」で受信されている電子メールのリストから内容を確認したいメールをクリック

▶▶▶メールの内容が表示される

図2-3-5　受信メールウィンドウ

※さらに最新のメールが受信されていることを確認する場合は、「更新」↻をクリックします。
※添付ファイルがある場合は、その添付ファイルを右クリックして開くコンテキストメニューから「保存」または「開く」を選択。
※メールの確認画面からメールの受信リストに戻る場合、ウィンドウ上部のタイトルバー左端の←をクリックします。

≫ メールの返信

1. 返信したいメールを選択(開く)した上で、🔙(返信ボタン)をクリック

▶▶▶ **返信メール作成欄が表示される**

図2-3-6 返信メール作成

2. 返信メール作成欄にメッセージを入力し、「送信」ボタンをクリック

≫ メールの削除

A) 不要なメールを右クリック→「削除」選択
B) 不要なメールをクリックして選択→🗑(削除)をクリック

▶▶▶ **メッセージが削除(ゴミ箱に移動)される**

※上記の操作でメッセージを削除しても、PCから削除されるのではなく「ゴミ箱」にまだ保存されています。メールをPCから完全に削除したい場合は、ゴミ箱を開き、「ゴミ箱を今すぐ空にする」をクリックします。

≫ 添付ファイルの挿入

1. 「新規メッセージ」ウィンドウで 📎(ファイルを添付)をクリック

▶▶▶ **「開く」ダイアログ ボックスが開く**

2. 添付したいファイルを選択し、「開く」ボタンをクリック

図2-3-7「開く」ダイアログ ボックス

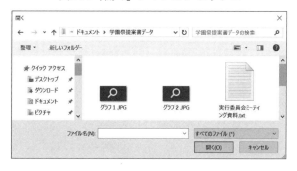

操作-3　WWW ブラウザの操作

操作-3　WWW ブラウザの操作

　WWW ブラウザ（Internet Explorer）を使用した、インターネットに関する操作について解説します。

※ Microsoft Edge も以下の内容に準じて操作を行います。

3-1　Internet Explorer

≫URL（アドレス）の入力

1. 「アドレスバー」に「URL（アドレス）」入力（例：http://www.google.co.jp/）
   →Enter

図3-1-1　URL（アドレス）の入力

≫お気に入りの登録

1. ウインドウ右上にある☆（お気に入り）ボタン、または「お気に入り」メニューから「お気に入りに追加」を選択

▶▶▶「お気に入りの追加」ダイアログが開く

図3-1-2「お気に入りの追加」ダイアログ

※メニューが表示されていない場合、表示されているいずれかのツールバーの上で右クリックし、「メニューバー」を選択します。

2. 「追加」ボタンをクリック

≫お気に入りの編集

1. 「お気に入り」メニューから「お気に入りの整理」を選択

▶▶▶「お気に入りの整理」ダイアログが開く

123

図3-1-3「お気に入りの整理」ダイアログ

2．編集を行った後、「閉じる」ボタンをクリック

≫Web ページの保存

1．「ファイル」メニューから「名前を付けて保存」を選択

▶▶▶「Web ページの保存」ダイアログが開く

図3-1-4「Web ページの保存」ダイアログ

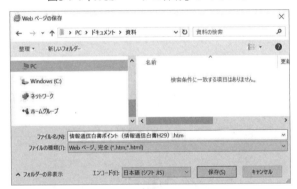

2．「Web ページの保存」ダイアログで「保存」ボタンをクリック
※保存場所やファイル名を確認してから保存するようにしましょう。

≫データ（画像）の保存

1．保存したい画像の上で右クリックし、表示されたコンテキストメニューから「名前を付けて画像を保存」を選択

▶▶▶「画像の保存」ダイアログが開く

図3-1-5「画像の保存」ダイアログ

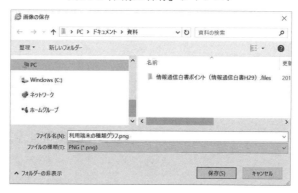

2.「画像の保存」ダイアログで「保存」をクリック

※保存場所やファイル名を確認してから保存するようにしましょう。

≫データ（テキスト）の保存

1. 保存したいテキストを選択し、「編集」メニューから「コピー」をクリック

図3-1-6 テキストのコピー

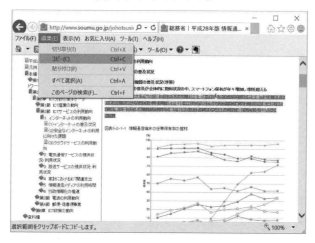

2.「メモ帳」などを開き、「貼り付け」を行った後「保存」

操作-4 Microsoft Office 2010の操作

4-1 MS Word 2010

≫ MS Word の起動
「スタート」メニューから「すべてのプログラム」→「Microsoft Office」→「Microsoft Word 2010」を選択(または、デスクトップ等にある Word アイコン W をダブルクリック)

≫ 本文の入力(改行、改ページ)
A)改行

本文を入力して、Enter キーを押す

B)改ページ

「挿入」タブの「ページ」から「ページ区切り」を選択

図4-1-1 改行と改ページ

≫ 書式設定(フォント、文字サイズ、文字修飾)
A)フォント(文字種)、文字サイズ、文字修飾等
1.フォントを変更したい文字をドラッグして選択
2.「ホーム」タブの「フォント」からフォントの種類、大きさなどを選択
(B:太文字 I:斜体 U:下線 等)

図4-1-2 フォントの設定

B）マーカー
1．マーカーで色を付けたい箇所（文字列）を選択
2．「ホーム」タブの「フォント」から ![] （蛍光ペンの色）をクリック

▶▶▶**選択した文字列の背景がマーカー色に変わる**

※蛍光ペンの色を変更したい場合は、「蛍光ペンの色」右横の▼プルダウンメニューから任意の色を選択します。

≫ 文書の保存
A）名前を付けて保存
1．「ファイル」タブから「名前を付けて保存」を選択

図4-1-3 ファイルタブ

▶▶▶**保存ダイアログが表示される**

図4-1-4「名前を付けて保存」ダイアログ

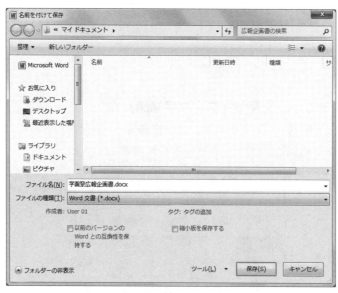

2．以下のすべての項目を設定

・ファイルの種類
・保存先
・ファイル名

3．「保存」ボタンをクリック

B）上書き保存

「ファイル」タブから「上書き保存」を選択、またはクイックアクセスツールバーから「上書き保存」ボタンをクリック

図4-1-5 クイックアクセスツールバー

≫新規文書の作成

1．「ファイル」タブから「新規作成」→「白紙の文書」を選択

▶▶▶「新しい文書」ダイアログが開く

図4-1-6「新規作成」

2．「作成」をクリック

▶▶▶新規文書が開く

3．新しく開いた文書に文章を入力

≫表示の切り替え
A）アウトライン表示

「表示」タブの「文書の表示」から「アウトライン」を選択

図4-1-7 表示の切り替え

▶▶▶表示がアウトラインモードに切り替わる

B）印刷レイアウト表示

「表示」タブの「文書の表示」から「印刷レイアウト」を選択

≫アウトラインの操作
A）アウトライン項目の作成

下に新しい項目を挿入したい行の文末にカーソルを挿入→Enter

▶▶▶改行で作成された新しい行がアウトライン項目となる

図4-1-8 アウトライン項目の挿入

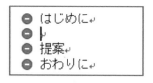

B）アウトライン項目のレベル（階層）変更

レベルを変更したいタイトルを選択し、「アウトラインツール」の「レベル上げ」ボタン⇐や「レベル下げ」ボタン⇒をクリック、または「アウトラインレベル」ポップアップメニューから任意のレベルを選択

図4-1-9(A) アウトラインツール

▶▶▶項目のレベルが変わる

図4-1-9(B) アウトラインレベル変更

C）アウトライン項目の移動

「アウトラインツール」の▲（1つ上のレベルに移動）や▼（1つ下のレベルに移動）をクリック、または各項目左にある－や＋をドラッグ

▶▶▶項目の順序が入れ替わる

図4-1-10 アウトライン項目の移動

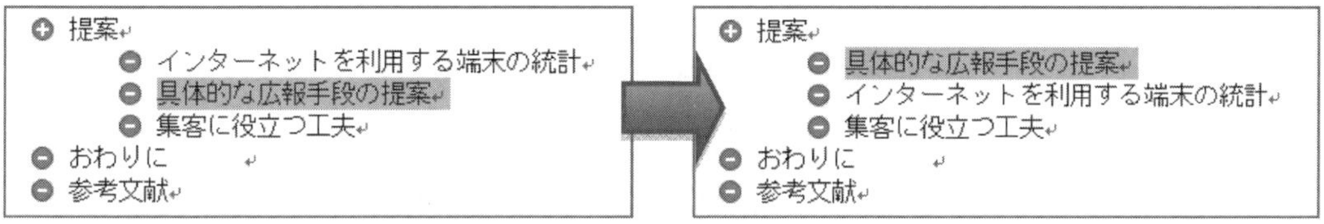

D）アウトラインでの本文入力

1．本文を入力したい見出しの文末にカーソルを移動して Enter キーを押す

▶▶▶小見出しの間に空白行ができる

図4-1-11 本文入力①（空白行の挿入）

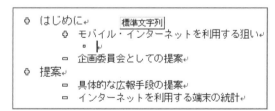

2．「アウトラインツール」の ⇒（標準文字列）ボタンをクリック、または「アウトライン　レベル」ポップアップメニューから「本文」を選択

▶▶▶本文レベルに変更される

3．文章を入力

図4-1-12 本文入力②（レベルの変更）

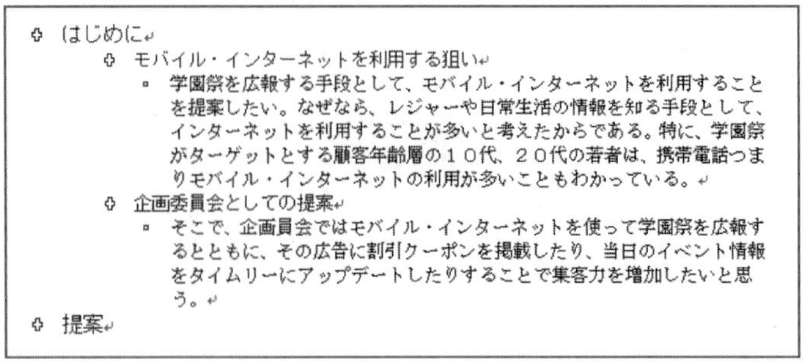

```
✧ はじめに
    ✧ モバイル・インターネットを利用する狙い
        ▫ 学園祭を広報する手段として、モバイル・インターネットを利用すること
          を提案したい。なぜなら、レジャーや日常生活の情報を知る手段として、
          インターネットを利用することが多いと考えたからである。特に、学園祭
          がターゲットとする顧客年齢層の１０代、２０代の若者は、携帯電話つま
          りモバイル・インターネットの利用が多いこともわかっている。
    ✧ 企画委員会としての提案
        ▫ そこで、企画委員会ではモバイル・インターネットを使って学園祭を広報す
          るとともに、その広告に割引クーポンを掲載したり、当日のイベント情報
          をタイムリーにアップデートしたりすることで集客力を増加したいと思
          う。
✧ 提案
```

≫ページ設定

A）ページ設定ダイアログの表示

「ページレイアウト」タブの「ページ設定」右下端「ページ設定ダイアログボックス起動ツール」をクリック

図4-1-13 ページ設定

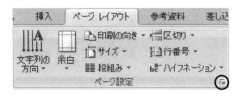

▶▶▶「ページ設定」ダイアログボックスが表示される

B）用紙サイズの設定

（下のいずれかの方法で設定）

・「ページレイアウト」タブ→「ページ設定」の「サイズ」をクリックして開くメニューから任意の用紙サイズを選択
・「ページ設定」ダイアログの「用紙」タブをクリック→任意の用紙サイズを選択→「OK」をクリック

図4-1-14 用紙サイズの設定

C）印刷向きの設定

（下のいずれかの方法で設定）

・「ページレイアウト」タブ→「ページ設定」の「印刷の向き」をクリックして開くメニューから「縦書き」か「横書き」を選択

・「ページ設定」ダイアログの「余白」タブをクリック→印刷の向きで「縦書き」か「横書き」を選択→「OK」をクリック

図4-1-15 余白、印刷向きの設定

D）余白の設定：（下のいずれかの方法で設定）

・「ページレイアウト」タブ→「ページ設定」の「余白」を選択して開くメニューから任意の余白サイズを選択

・「ページ設定」ダイアログの「余白」タブをクリック→余白のサイズを設定→「OK」

をクリック

E）文字数と行数の設定

「ページ設定」ダイアログの「文字数と行数」タブをクリック→行数と文字数を設定→「OK」をクリック

図4-1-16 文字数と行数の設定

≫印刷

1．「ファイル」タブから「印刷」を選択

図4-1-17 印刷

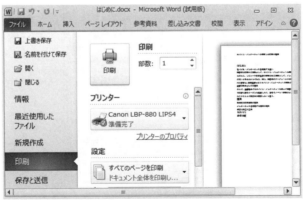

2．「印刷」の「設定」で、「プリンタの名前」「印刷範囲」「印刷部数」等を設定・確認
※使用可能なプリンタが複数ある場合は、印刷したいプリンタの名前をあらかじめ確認しておきましょう。

操作-4　Microsoft Office 2010の操作

3．「OK」をクリック

※文書内にグリッドラインを表示させたい場合は、「印刷」の「ページ設定」をクリック→「ページ設定」ダイアログの「文字数と行数」から「グリッド線…」を選択→「グリッド線」ダイアログの「グリッドの表示」で「グリッド線を表示する」のチェックボックスをクリックしてチェックを入れます。

図4-1-18　グリッド線

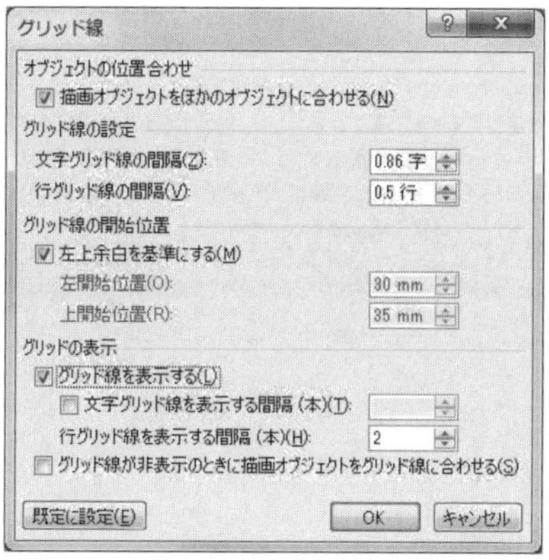

≫段組み

1．文書内の段組みを行う範囲を選択

※文書全体を範囲とする場合は「ホーム」タブ→「編集」→「選択」→「すべて選択」を選択し、文書全体を選択します。

2．「ページレイアウト」タブをクリック
3．「ページ設定」から「段組み」をクリックして開くメニューから任意の段数を選択

図4-1-19　段組み①

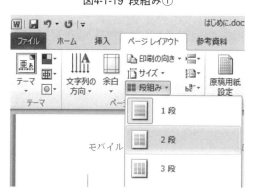

※段組においてより細かい設定を行う場合は、上記メニューから「段組みの詳細設定」を選択して開く「段組み」ダイアログから設定を行います。

▶▶▶選択範囲に対して段組みが設定される

135

図4-1-20 段組み②（段組みされた文書）

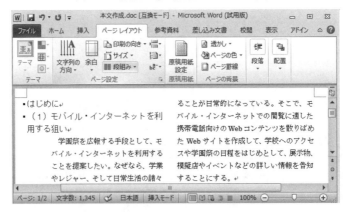

※2段組みにすると横書き文書は左右2段、縦書き文書は上下2段に分かれます。

≫インデント、タブ、段落書式
A）インデントの設定

図4-1-21 インデントの設定

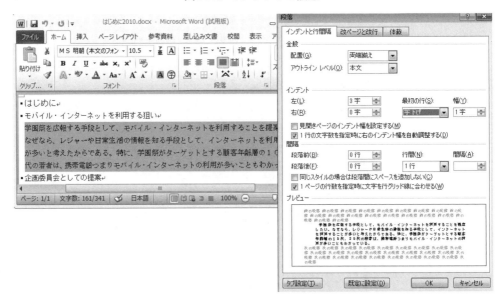

1．インデントを設定する段落を選択
2．「ホーム」タブの「段落」から「段落ダイアログボックス起動ツール」を選択

　　　　　　　　　　　　　　▶▶▶「段落」ダイアログが開く

3．「段落」ダイアログでインデントを設定
※インデントは行頭の文字の字下げや、行末の文字の折り返し位置を設定する機能です。上図の設定では、範囲指定した段落が全体的に左から3文字分右へ移動し、各段落最初の行の行頭が1文字分

字下げされます。

B) タブの設定
1. 「ルーラー」の任意の位置をクリックし、タブ位置を設定
2. 本文中でキーボードから Tab キーを押す

▶▶▶タブ入力以降がタブ位置へ移動する

図4-1-22 タブ位置設定例

※ Tab キーを押す毎にカーソルは一番近い次のタブ位置に移動します。このように入力することで、項目間のスペース調整が効率よく行えます。

C) その他の段落書式の設定
「段落」ダイアログで行の間隔等を設定
※行の間隔を調整することで、1ページ内に表示する文章量を調整したり、レイアウトにメリハリを付けたりすることができます。

≫ヘッダーとフッター
1. 「挿入」タブの「ヘッダー」をクリックして開いたメニューから「空白」を選択

図4-1-23 ヘッダー①

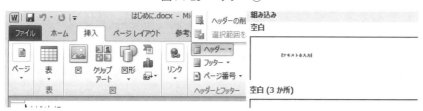

▶▶▶ヘッダーに文字を入力する枠と文字入力を促すメッセージが表示される

2. ヘッダーの文字入力欄に文書のタイトルなど必要な情報を入力

図4-1-24 ヘッダー②

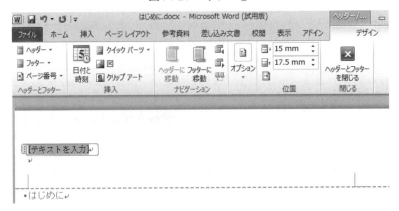

3．「挿入」タブから「フッター」をクリックして、開いたメニューから「空白」を選択（ヘッダー入力状態では、「ナビゲーション」の「フッターに移動」を選択）
4．フッターの文字入力欄に文書のタイトルなど必要な情報を入力
5．「ヘッダーフッターツール」の「デザイン」タブ「閉じる」から「ヘッダーとフッターを閉じる」をクリック

図4-1-25 ヘッダーとフッターを閉じる

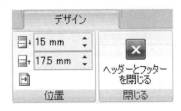

▶▶▶本文入力に戻る

※ヘッダーやフッターに文字が既に入力された状態であれば、本文入力状態でヘッダー、フッターの位置をダブルクリックすることで、それらへの文字入力が行える状態になります。また、逆に、ヘッダー、フッター入力状態で本文の部分をダブルクリックすると、本文入力の状態に戻すことができます。

≫ページ番号

「挿入」タブの「ページ番号」をクリックして開くメニューから、ページ番号を表示する位置や総ページ数の有無、スタイルなどを選択

操作-4　Microsoft Office 2010の操作

図4-1-26　ページ番号の設定

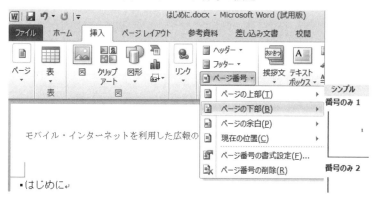

≫ **グラフの挿入**

A）MS Word から作成

1．「挿入」タブから「グラフ」をクリック

▶▶▶「グラフの挿入」ダイアログが開く

2．「グラフの挿入」ダイアログからグラフの種類を選択

図4-1-27　グラフの挿入

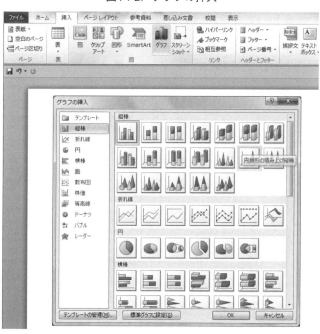

3．「OK」をクリック

▶▶▶ MS Excel が起動し、ワークシートが表示される

4．開いたワークシートにデータを入力、または Word の表データを貼り付け

▶▶▶ 文書内にグラフが作成される

図4-1-28 Excel でグラフデータ入力

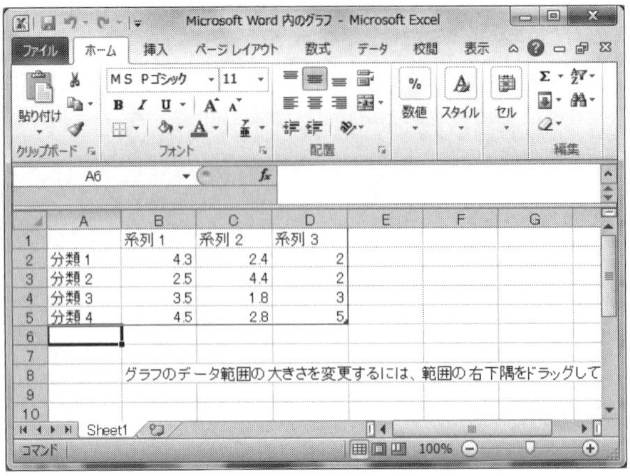

5．MS Excel のワークシートを閉じる

B）MS Excel からグラフをコピー
1．MS Excel で作成したグラフを選択してコピー
2．MS Word 上でグラフを挿入したい位置をクリックして指定
3．MS Word の「ホーム」タブの「貼り付け」▼プルダウンメニューから「形式を選択して貼り付け」を選択

▶▶▶「形式を選択して貼り付け」ダイアログが開く

図4-1-29「形式を選択して貼り付け」ダイアログ

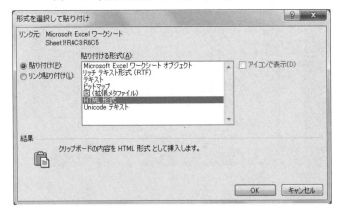

4．適切な形式を選択

※後にデータの編集が必要な場合は「〜ワークシートオブジェクト」を選択、元の形状をできるだけ
　維持したい場合は「図（〜メタファイル）」を選択します。

5．「OK」をクリック

　　　　　　　　　　　　　　　　　　　　　　▶▶▶グラフが貼り付けられる

≫図版の挿入（図形、クリップアート、ファイル、ワードアート）

A）図形（オートシェイプ）の挿入

1．「挿入」タブの「図」から「図形」をクリック

　　　　　　　　　　　　　　　　　　　　　　▶▶▶図形が表示される

図4-1-30　オートシェイプ図形の選択

2．任意の図形を選択
3．図形を挿入したい箇所でドラッグして図形を描画

B）クリップアートの挿入

1．画像を挿入したい場所をクリックして指定
2．「挿入」タブの「図」から「クリップアート」をクリック

　　　　　　　　　　　　　　　　▶▶▶「クリップアート」作業ウィンドウが表示される

3．「クリップアート」作業ウィンドウで、使用したい画像に関するキーワードを「検索文字列」欄に入力し、「検索」をクリック

図4-1-31 クリップアートの検索

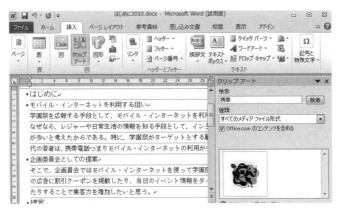

4．該当するクリップアートを選んでクリック

▶▶▶クリップアートが本文中に挿入される

図4-1-32 挿入されたクリップアート

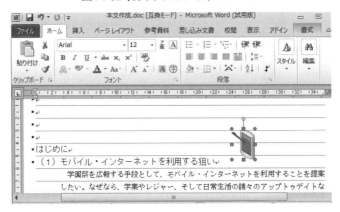

C）ファイルから図を挿入
1．画像を挿入したい場所をクリックして指定
2．「挿入」タブの「図」から「図」をクリック

図4-1-33 ファイルから①

▶▶▶「図の挿入」ダイアログが開く

3．「図の挿入」ダイアログから挿入したい画像や写真のある場所を指定
4．挿入したい画像ファイルを選択し、「挿入」をクリック

図4-1-34 ファイルから②（「図の挿入」ダイアログで図の選択）

▶▶▶ファイルの図が本文中に挿入される

D）ワードアートの挿入
1．「挿入」タブの「テキスト」から「ワードアート」をクリック

▶▶▶「ワードアートスタイル」が表示される

2．「ワードアートスタイル」で任意のデザインを選択

図4-1-35 ワードアート①（「ワードアートスタイル」）

▶▶▶「ワードアートテキストの編集」ダイアログが表示される

3．「ワードアートテキストの編集」ダイアログで「テキスト」欄に文字列を入力し、「フォント」「サイズ」等を設定して「OK」をクリック

▶▶▶ワードアートが本文中に挿入される

図4-1-36 ワードアート②（ワードアートテキストの編集）

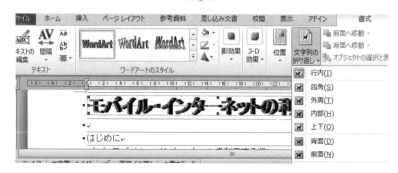

※ワードアートのサイズは、後からドラッグ等の操作によって容易に拡大・縮小できます。また、ワードアートの書式等他の内容に関しても後から変更が可能です。
※「ルーラー」や「グリッド」を使用して図の配置をより正確に行うことができます。「ルーラー」「グリッド」は、「表示」タブの「表示／非表示」で「ルーラー」「グリッド線」にチェックを入れることで表示できます。

図4-1-37 ルーラーとグリッドの表示設定

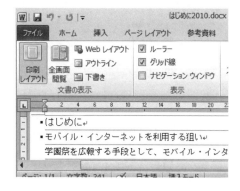

≫図の書式設定
　A）サイズの変更（ドラッグ）
　1．図をクリックして選択

2．図の外周に表示されたサイズ変更ハンドル（小さい丸や四角の）ポイントをドラッグしてサイズを変更

※サイズ変更ハンドル外側へドラッグすると拡大し、内側にドラッグすると縮小します。また、キーボードの[Shift]キーを押しながらハンドルをドラッグすると、縦横の比率を保ったまま拡大・縮小が行えます。

B）サイズの変更（数字で比率を入力）

1．図をクリックして表示される「書式」タブから「サイズ」右下端の「レイアウトの詳細設定起動ツール」をクリック

図4-1-38 図のサイズ設定①（「サイズ」ダイアログの起動）

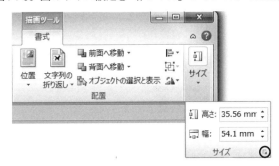

▶▶▶「レイアウト」ダイアログが表示される

2．「レイアウト」ダイアログで「サイズ」タブを選択

図4-1-39 図のサイズ設定②（「レイアウト」ダイアログ）

3．「倍率」で「高さ」と「幅」比率を設定し、「OK」をクリック

C）図のレイアウトとテキスト折り返しの設定（「書式」タブから）
1．図をクリックして選択

▶▶▶図ツールが表示される

図4-1-40　図のレイアウト設定

2．図ツール「書式」タブの「文字列の折り返し」を選択して表示されるメニューから任意の折り返し形式を選択

▶▶▶選択した折り返し形式で図の周辺の文字列が再配置される

D）図のレイアウトとテキスト折り返しの設定（コンテキストメニューから）
　図を右クリックして表示されるコンテキストメニューから「文字列の折り返し」を選択し、さらに表示されるサブメニューから任意の折り返し形式を選択

※文字列の折り返しは、最初は「行内」に設定されているので、位置を自由に移動させる場合は「行内」以外を選択します。本書の操作においては、主に「四角」または「上下」に設定します。

※その他、図の書式設定は、図ツール「書式」タブや、図を右クリックして表示されるコンテキストメニューにある「図の書式設定」からも行えます。

≫図の順序の設定（複数図版の前後関係）

A）「書式」タブから設定
1．図をクリックして選択

▶▶▶図ツール「書式」が表示される

2．図ツール「書式」タブの「前面に移動」「背面に移動」や各項目右横の▼プルダウンメニューから任意の順序を選択

B) コンテキストメニューから設定

　図を右クリックして表示されるコンテキストメニューの「最前面に移動」「最背面に移動」から表示されるサブメニューで任意の順序を選択

≫図の移動
・図中ほどのポインタの形が変わるところでマウスボタンを押し、任意の移動先までドラッグ

※図のレイアウト書式（テキスト折り返し）が「行内」になっている場合、文字列の移動と同様になります。

≫表の挿入（MS Word で作表）
1．「挿入」タブの「表」をクリック

>>> 「表の挿入」が表示される

2．「表の挿入」のマス目から必要な行数と列数をドラッグして指定、または「表の挿入…」を選択して表示される「表の挿入」ダイアログで列数と行数を入力→「OK」をクリック

図4-1-41「表の挿入」ダイアログ

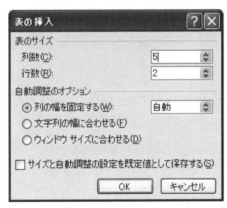

≫表の挿入（MS Excel で作表）
1．MS Excel で作成した表を選択してコピー
2．MS Word 上でグラフを挿入したい位置をクリックして指定
3．MS Word の「ホーム」タブの「貼り付け」▼プルダウンメニューから「形式を選択して貼り付け」を選択

>>> 「形式を選択して貼り付け」ダイアログが開く

図4-1-42「形式を選択して貼り付け」ダイアログ

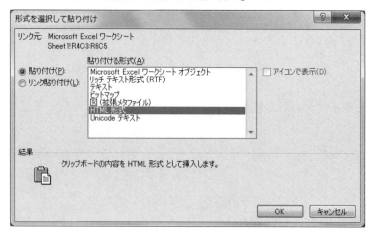

4．適切な形式を選択→「OK」をクリック

※後にデータの編集が必要な場合は「～ワークシートオブジェクト」を選択、元の形状をできるだけ維持したい場合は「図（～メタファイル）」を選択します。

≫ 表内の書式設定（文字の配置）

1．表内の書式設定を行う範囲を選択
2．表ツール「レイアウト」タブの「配置」から適切な配置を選択

図4-1-43 表内の書式設定（文字の配置）

※選択箇所を右クリックして表示されるコンテキストメニューの「セルの配置」から任意の配置を選択しても、文字の配置設定が行えます。

≫ 表内の書式設定（塗りつぶしの色）

1．表内の網掛けを行う範囲をドラッグして選択
2．表ツール「デザイン」タブの「塗りつぶし」から任意の色を選択

図4-1-44 表内の書式設定（塗りつぶしの色）

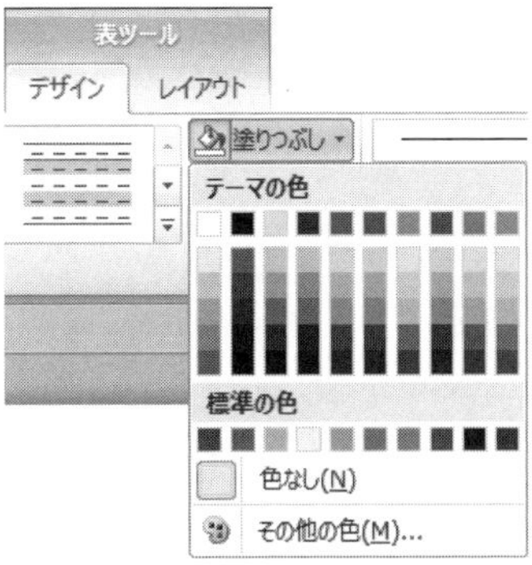

≫表内の書式設定（セルの結合）
1．表内のセルの結合を行う範囲をドラッグして選択
2．表ツール「デザイン」タブの「結合」から「セルの結合」を選択（図6-1-43参照）

≫図表番号
1．図表番号を付けたい図表を選択
2．「参考資料」タブの「図表」から「図表番号の挿入」をクリック

図4-1-45 図表番号の挿入

▶▶▶「図表番号」ダイアログが開く

3．「図表番号ダイアログ」で「ラベル」を選択、または「ラベル名」を入力して、「OK」をクリック

図4-1-46 図表番号ダイアログ

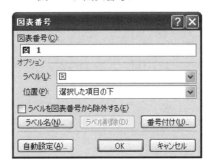

▶▶▶図版に図表番号が付加される

≫脚注

1. 脚注を付ける文字列を選択
2. 「参考資料」タブの「脚注」から「脚注の挿入」をクリック

▶▶▶ページの最後に脚注が挿入される

※任意の場所や書式で脚注を挿入する場合は、「参考資料」タブの「脚注」右下端「脚注と文末脚注ダイアログボックス起動ツール」をクリックして開いた「脚注と文末脚注」ダイアログで「場所」や「書式」を指定し、最後に「挿入」をクリックします。

図4-1-47 脚注①

図4-1-48 脚注②

≫箇条書きと段落番号の設定

1. 箇条書きを設定したい段落を選択
2. 「ホーム」タブの「段落」から「箇条書き」「段落番号」等を選択

図4-1-49 箇条書きと段落番号の設定

図4-1-50 段落番号のスタイル設定

※「ホーム」タブ「段落」の「箇条書き」「段落番号」プルダウンメニュー内の「新しい番号書式の定義」や「新しいアウトラインの定義」からさらに「箇条書き」「段落番号」等に関する詳細な設定が行えます。

≫セクション区切り

1．セクション区切りをする位置を選択
2．「ページレイアウト」タブ「ページ設定」の「区切り（ページ／セクション区切りの挿入）」からセクション区切りの種類を選択

図4-1-51 セクション区切り

目次（自動作成）

1．文中の目次として表示したい項目を選択
2．「参考資料」タブ「目次」の「テキストの追加」をクリックして表示されるプルダウンメニューからレベルを選択

図4-1-52 目次へテキストの追加

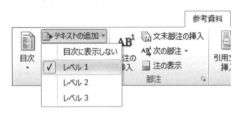

※目次に表示したいすべての項目について1.～2.の操作を行います。

3．目次を挿入する行を選択し「参考資料」タブの「目次」から任意の「自動作成の目次～」を選択

図4-1-53 目次の挿入①

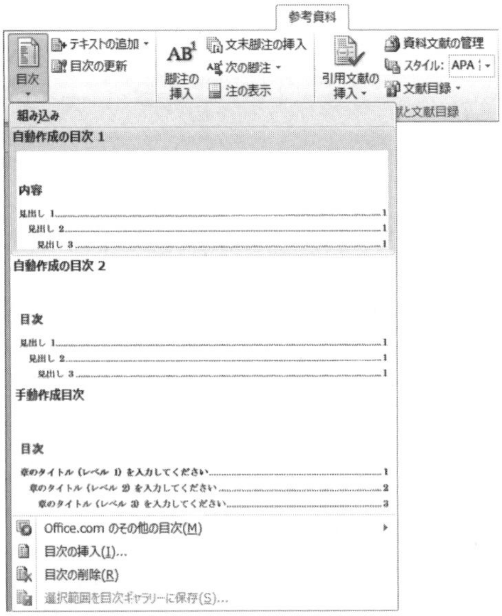

※目次の詳細を設定した上で作成する場合は、「参考資料」タブの「目次」から「目次の挿入…」を選択し、開いた「目次」ダイアログで設定を行います。

図4-1-54 目次の挿入②（「目次」ダイアログ）

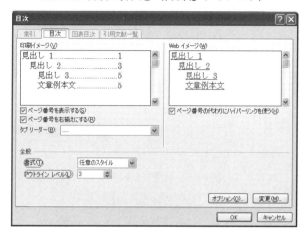

※事前に項目レベルの設定を行わずに目次を作成する場合は、「参考資料」タブの「目次」から「手動作成目次」を選択し、挿入した目次欄に直接目次の項目を入力します。

≫目次の更新

1. 「参考資料」タブの「目次」から「目次の更新」をクリック

▶▶▶ 「目次の更新」ダイアログが表示される

2. 更新したい目次内容により、「目次の更新」ダイアログで「ページ番号だけを更新する」または「目次をすべて更新する」を選択し、「OK」をクリック

図4-1-55「目次の更新」ダイアログ

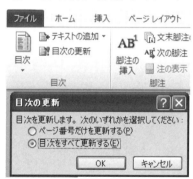

≫引用文献の作成

1. 「参考資料」タブ「引用文献と文献目録」の「スタイル」で文献目録のスタイルを選択

図4-1-56 引用文献の作成①

2.「参考資料」タブの「引用文献と文献目録」から「引用文献の挿入」→「新しい資料文献の追加」を選択

図4-1-57 引用文献の作成②

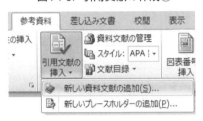

▶▶▶「資料文献の作成」ダイアログが開く

3.「資料文献の作成」ダイアログで必要項目を入力→「OK」をクリック

図4-1-58 引用文献の作成③(「資料文献の作成」ダイアログ)

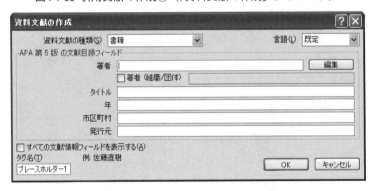

文献目録の挿入

「参考資料」タブの「引用文献と文献目録」から「文献目録」→「文献目録の挿入」を選択

図4-1-59 文献目録の挿入

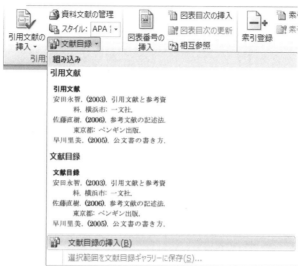

4-2 MS Excel 2010

≫ MS Excel の起動

「スタート」メニューから「すべてのプログラム」→「Microsoft Office」→「Microsoft Excel 2010」を選択（または、デスクトップ等にある Excel アイコンをダブルクリック）

≫ データ、計算式の入力

データを入力したい「セル」を選択し、セル内または数式バーにデータを入力→Enter

※計算式を入力する場合は、数式の先頭に必ず「＝」を入力します。

図4-2-1 データの入力

	A	B	C	D
1	端末別にみた個人のインターネット利用者数の推移			
2				
3		平成12年末	平成13年末	平成14年末
4	PCのみ	2214	2953	3884
5	モバイル端末のみ	897	657	
6	ゲーム機・テレビ等のみ	29	26	
7	PCとモバイル端末	1459	1676	
8	モバイル端末とゲーム機・テレビ等	60	21	
9	PCとゲーム機・テレビ等	26	110	
10	PCとモバイル端末とゲーム機・テレビ等	23	151	
11	合計	4708	5594	

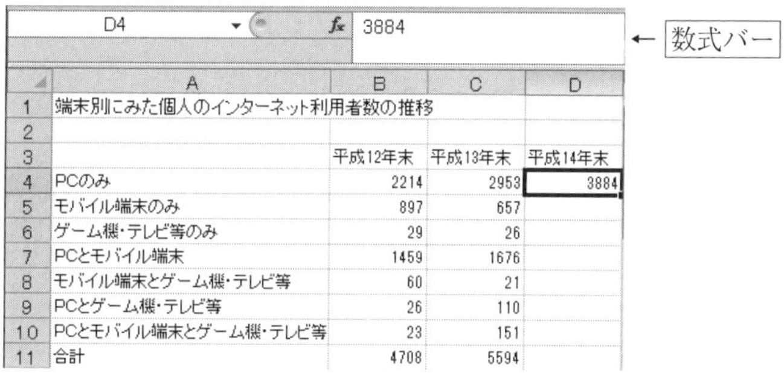

≫ セルのコピー

A）コピー＆貼り付け

1. コピー元のセルを選択（複数選択も可能）
2. 「ホーム」タブの「クリップボード」から（コピー）をクリック

※キーボードショートカット（[Ctrl]+[C]）や右クリックで表示されるコンテキストメニューから「コピー」を選択することでも行えます。

3．コピー先のセルを選択（複数選択も可能）
4．「ホーム」タブの「クリップボード」📋から✂（貼り付け）をクリック

▶▶▶3．で選択したセルにコピーされたデータが貼り付けられる

※キーボードショートカット（[Ctrl]+[V]）や右クリックで表示されるコンテキストメニューから「貼り付け」を選択することでも行えます。

B）オートフィル
1．コピー元のセルを選択（複数選択も可能）
2．選択したセルの（フィルハンドル）をドラッグ

▶▶▶セルが連続的にコピーされる

新規ブックの作成

1．「ファイル」タブから「新規作成」→「空白のブック」を選択
2．「作成」をクリック

図4-2-2 空白のブック作成

ワークシートの選択

開きたいワークシートのシートタブをクリック

図4-2-3 シートタブ

操作-4　Microsoft Office 2010の操作

≫ワークシートの挿入

1. 「ホーム」タブの「セル」から「挿入」プルダウンメニュー→「シートの挿入」を選択

▶▶▶現在開いているシートの次に新規ワークシートが追加される

2. ワークシート下部の「ワークシートの挿入」タブ（図4-2-3右端のタブ）をクリック

▶▶▶新たなワークシートが末尾に追加される

≫ワークシートの移動、コピー

1. 移動やコピーしたいワークシートを選択して開く
2. 「ホーム」タブの「セル」から「書式」プルダウンメニュー→「シートの移動またはコピー」を選択

▶▶▶「シートの移動またはコピー」ダイアログが開く

図4-2-4「シートの移動またはコピー」ダイアログ

※1.〜2.はシートタブを右クリックして開くメニューからでも操作することができます。

3. 移動先またはコピーしたシートを貼り付ける場所を選択（指定したシートの後ろに移動または挿入される）
4. コピーする場合は「コピーを作成する」をクリック

▶▶▶チェックボックスにチェックマークが入る

※「コピーを作成する」にチェックを入れない場合は、移動になります。

5. 「OK」をクリック

▶▶▶ワークシートが移動またはコピーされる

ワークシート名の変更

1．名前を変えたいワークシートを選択して開く
2．「ホーム」タブの「セル」から「書式」プルダウンメニュー→「シート名の変更」を選択

▶▶▶シート名がハイライト表示（白黒反転）される

※1．～2．の操作はシートタブを右クリックして開いたメニューから操作することもできます。

3．シートタブに新たなシート名を入力→Enter

※名前を変えたいシートタブをダブルクリックすることで、1．～2．の操作に代えることができます。

ワークシートの削除

1．削除したいワークシートを選択して開く
2．「ホーム」タブの「セル」から「削除」プルダウンメニュー→「シートの削除」を選択

※1．～2．の操作はシートタブを右クリックして開いたメニューから操作することもできます。

関数の入力

1．計算結果を表示したい「セル」を選択
2．「数式」タブの「関数ライブラリ」で *fx*「関数の挿入」をクリック

▶▶▶「関数の挿入」ダイアログが開く

図4-2-5「関数の挿入」ダイアログ

※数式バー左横の（ *fx*「関数の挿入」ボタン）をクリックすることで2．の操作に代えることができます。

3．「関数の挿入」ダイアログ「関数の分類」から関数の種類を、「関数名」から関数を選択→「OK」をクリック

▶▶▶「関数の引数」ダイアログが開く

4．「関数の引数」ダイアログで数値欄を選択し、計算に必要なデータが入力されたセル群を選択

図4-2-6「関数の引数」の入力

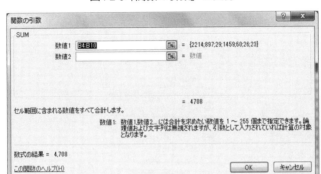

※「関数の挿入ダイアログ」で（ダイアログ縮小）（ダイアログ展開）ボタンをクリックしてダイアログの表示／非表示を切り替え、セル選択のためにワークシートを見やすくすることができます。
※キーボードで直接セル名や数式を入力することも可能です。
※合計や平均など、よく使用する関数は「ホーム」タブの「編集」や「数式」タブの「関数ライブラリ」にあるΣ「オートSUM」▼から選択して使用することができます。

主な関数

表4-2-1

関数名	処理名	関数の分類	関数の引数ダイアログでの操作
SUM	合計	数学／三角	「数値1」に合計を求めるセルの範囲を指定
AVERAGE	平均	統計	「数値1」に平均を求めるセルの範囲を指定
MAX	最大値	統計	「数値1」に最大値を求めるセルの範囲を指定
MIN	最小値	統計	「数値1」に最小値を求めるセルの範囲を指定
MEDIAN	中央値	統計	「数値1」に中央値を求めるセルの範囲を指定
COUNT	データの個数	統計	「数値1」にデータ数を求めるセルの範囲を指定
SQRT	平方根	数学／三角	「数値」に平方根を求めるセルを指定
DEVSQ	偏差平方和	統計	「数値1」に標本または母集団のセルの範囲を指定
VAR.S※	標本分散	統計	「数値1」に標本のセルの範囲を指定
STDEV.S※	標本標準偏差	統計	「数値1」に標本のセルの範囲を指定

※母集団に対する処理の場合は、それぞれ「VAR.P」「STDEV.P」を使用します。

≫罫線の設定（簡易設定）

1．罫線を設定する範囲のセルを選択
2．「ホーム」タブの「フォント」から⊞▼をクリック→罫線の種類を選択

図4-2-7 罫線の種類選択

▶▶▶罫線が設定される

≫罫線の設定（詳細設定）

1．罫線を設定する範囲のセルを選択
2．「ホーム」タブの「フォント」右下端「セルの書式設定ダイアログボックス起動ツール」をクリック、または「ホーム」タブの「セル」から「書式」→「セルの書式設定」を選択

図4-2-8 セルの書式設定ダイアログ起動

▶▶▶「セルの書式設定」ダイアログが開く

3．「セルの書式設定」ダイアログで「罫線」タブを選択

図4-2-9 セルの書式設定ダイアログ

4．罫線の種類等を設定
5．「OK」をクリック

▶▶▶罫線が設定される

≫ セルの書式設定（フォント等）

1．フォントを変更したいセルまたは文字列を選択
2．「ホーム」タブの「フォント」「配置」等にある各種ツールから該当するもの（文字種、サイズ、色、配置等）を選択

図4-2-10 書式設定関連ツール

≫ CSV や Text ファイルの読み込み

1．「ファイル」タブから「開く」を選択

図4-2-11 ファイルを開く

▶▶▶「ファイルを開く」ダイアログが開く

2.「ファイルを開く」ダイアログのファイルの種類を「すべての Excel ファイル」から「テキストファイル」に変更

図4-2-12 ファイルを開くダイアログ

3. csv ファイルを保存している場所に移動して csv ファイルを指定
4.「開く」をクリック

▶▶▶ **csv ファイルがワークシートに読み込まれる**

図4-2-13 読み込まれた CSV ファイルのデータ

※ text ファイルを読み込む際は、「開く」をクリックした後に「テキスト ファイル ウィザード」ダイアログが表示されるので、その中でデータ形式や言語形式(テキストエンコーディング)を指定します。

図4-2-14 テキストファイルウィザード

≫三項移動平均

1．元データの左端（または一番上）から２番目のセルの下（または右）にあるセルを選択

2．１.で選択したセルに元データの左端（または一番上）から３番目までのセルの値の平均を求める

図4-2-15 三項移動平均①

	A	B	C	D	E	F
1	PCとモバイル端末利用者数	1,459	1,676	1,633	2,834	4,204
2	三項移動平均		=AVERAGE(B1:D1)			

※図4-2-15の場合は、セルC2にセルB1～D1の平均を求めます。

3．２.で平均を入力したセルを元データの末尾セルの一つ手前の下（または右）までコピー

図4-2-16 三項移動平均②

	A	B	C	D	E	F	G	H	I	J	K
1	PCとモバイル端末利用者数	1,459	1,676	1,633	2,834	4,204	4,862	6,099	5,991	6,196	6,492
2	三項移動平均		1,589								
3											

※図4-2-16の場合は、セルC2をJ2まで連続的にコピーします。

≫グラフ作成

1．グラフの元データとなる範囲のセルを選択

図4-2-17 グラフの元データ選択

	A	B	C	D	E	F	G	H	I	J	K
1	PCとモバイル端末によるインターネット利用者数の推移										
2											（人数：万人）
3		平成12年末	平成13年末	平成14年末	平成15年末	平成16年末	平成17年末	平成18年末	平成19年末	平成20年末	平成21年末
4	PCとモバイル端末	1,459	1,676	1,633	2,834	4,204	4,862	6,099	5,991	6,196	6,492
5	3項移動平均		1,589	2,048	2,890	3,967	5,055	5,651	6,095	6,226	
6											

PCとモバイル端末利用者 Sheet1

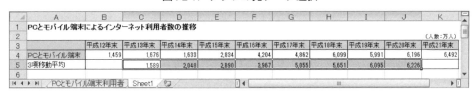

2．「挿入」タブの「グラフ」から作成したいグラフの種類を選択

▶▶▶**グラフが挿入される**

図4-2-18 グラフの種類選択

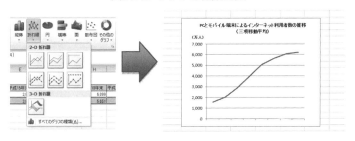

≫グラフの編集

1. 作成したグラフを選択

▶▶▶「グラフツール」が表示される

2. 「グラフツール」内「デザイン」タブの「グラフのレイアウト」「グラフのスタイル」等でグラフの書式を変更

図4-2-19 グラフツール

≫グラフ書式の設定操作例

グラフを選択し、グラフツールが表示されている状態で以下の操作を行います。

A）軸目盛の消去

「レイアウト」タブの「軸」から「軸」→「主横（または縦）軸」→「なし」を選択

B）軸目盛の設定（角度）

1. 「レイアウト」タブの「軸」から「軸」→「主縦（または横）軸」→「その他の主縦（または横）軸オプション」を選択

▶▶▶「軸の書式設定」ダイアログが開く

2. 「軸の書式設定」ダイアログで「配置」を選択

図4-2-20 軸の書式設定（配置）

3．「配置」の「テキストのレイアウト」で「文字列の方向」を「横書き」にした上で「ユーザー設定の角度」を設定→「閉じる」をクリック　（図4-2-23参照）

C）凡例の消去
「レイアウト」タブの「ラベル」から「凡例」→「なし」を選択
※グラフエリア内の凡例を右クリックして表示されるコンテキストメニューから「削除」を選択するか、凡例を選択した状態でキーボードの Delete キーを押すことによっても、凡例を消去できます。

D）軸ラベル名の設定
1．「レイアウト」タブの「ラベル」から「軸ラベル」→「主縦（または横）軸ラベル」→配置方法を選択

▶▶▶グラフエリアに軸ラベルが表示される

2．軸ラベル名を入力

E）グラフタイトルの設定
1．「レイアウト」タブの「ラベル」から「グラフタイトル」→配置方法を選択

▶▶▶グラフエリアにグラフタイトルが表示される

2．グラフタイトルを入力

F）グラフタイトルや軸ラベル等の文字列書式設定
「ホーム」タブの「フォント」から該当する項目を選択して設定

≫ヒストグラムの作成
1．作成した棒グラフの棒の一つ（項目要素）を右クリックして開いたコンテキストメニューから「データ系列の書式設定」を選択（またはダブルクリック）

▶▶▶「項目要素の書式設定」ダイアログが表示される

2．「データ系列の書式設定」ダイアログで「系列のオプション」を選択
3．「系列のオプション」の「要素の間隔」を「０％」に設定

図4-2-21 項目要素の間隔設定

4．「データ系列の書式設定」ダイアログで「枠線の色」選択

図4-2-22 枠線の色設定

5．「枠線の色」を指定→「閉じる」をクリック

▶▶▶棒グラフの棒（項目要素）どうしの間隔がなくなり、ヒストグラムの書式に変更される

図4-2-23 ヒストグラム作成例

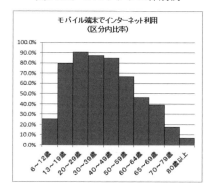

≫ブックの保存

A）名前を付けて保存

1．「ファイル」タブから「名前を付けて保存」を選択

図4-2-24 ファイルタブ

▶▶▶「名前を付けて保存」ダイアログが表示される

図4-2-25「名前を付けて保存」ダイアログ

2．以下のすべての項目を設定

```
・ファイルの種類
・保存先
・ファイル名
```

3．「保存」ボタンをクリック

B）上書き保存
「ファイル」タブから「上書き保存」を選択

4-3　MS PowerPoint 2010

≫ MS PowerPoint の起動

「スタート」メニューから「すべてのプログラム」→「Microsoft Office」→「Microsoft PowerPoint 2010」を選択（または、デスクトップ等にある PowerPoint アイコン をダブルクリック）

≫ スライドのデザインの設定

「デザイン」タブの「テーマ」から任意のテーマを選択

▶▶▶スライドのデザインが変更される

※オンライン（インターネット上）など他の場所に保存されているテーマを使用する場合は、「デザインタブ」の「テーマ」右下にある「その他」 をクリックして開くウィンドウから設定を行います。

図4-3-1　その他のテーマ設定

≫タイトルスライドの作成

1. 「クリックしてタイトルを入力」と表示されているタイトル用の枠にタイトルを入力

図4-3-2 タイトル入力

※この枠のことを「プレースホルダ」と呼びます。

2. 「クリックしてサブタイトルを入力」と表示されているサブタイトル用のプレースホルダ内にサブタイトルを入力（省略可）

≫スライドの挿入

「ホーム」タブの「スライド」から「新しいスライド」をクリック

▶▶▶**新たなスライド画面が挿入される**

※新たなスライドは、現在開いているスライドの一つ後ろに挿入されます。
※「新しいスライド」の▼をクリックして表示されるテーマ一覧の中の任意のレイアウトを選択して、新たにスライドを挿入することができます。

≫スライドのレイアウト

1. レイアウトを変更したいスライドを表示
2. 「ホーム」タブの「スライド」から「レイアウト」を選択

▶▶▶**レイアウトの一覧が開く**

図4-3-3 スライドのレイアウト

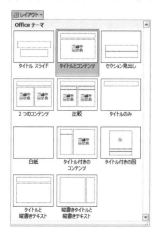

3．レイアウトの一覧から任意のレイアウトを選択

▶▶▶スライドのレイアウトが変更される

≫テキストの入力
1．「クリックしてテキストを入力」と表示されているテキスト用のプレースホルダ内をクリック
2．文章を入力

図4-3-4 テキストの入力

≫図版の挿入
「挿入」タブの「画像」「図」等から任意の項目を選択

※「クリップアート」の場合は「クリップアート」作業ウィンドウから任意のクリップアートを検索した上で選択して挿入します。「図」の場合は開いた「図の挿入」ダイアログから任意の画像ファイルを選択して挿入します。

※スライドにコンテンツ用のプレースホルダを含むレイアウトを設定し、表示されたコンテンツホルダから任意の種類の図版を選択して挿入することが可能です。

※動画や音声の挿入は、「挿入」タブの「メディア」から、またはプレースホルダから任意の項目を選択し、使用したいファイルを開きます。

図4-3-5

≫スライドの一覧表示

「表示」タブの「プレゼンテーションの表示」から「スライド一覧」を選択

▶▶▶スライドがサムネイルで一覧表示される

※スライド一覧やアウトライン、サムネイルでスライドのサムネイルをドラッグすることにより、提示順序を入れ替えることができます。

≫スライドの削除

スライドのサムネイルで右クリックして開いたコンテキストメニューから「スライドの削除」を選択

≫画面の切り替え効果

「画面切り替え」タブの「画面切り替え」から切り替え効果の種類を、「タイミング」で切り替え時間等を選択

▶▶▶スライドに画面の切り替え効果が設定される

※「画面切り替え」タブの「画面切り替え」ギャラリー・スクロールバー下にある「その他」をクリックして開くウィンドウから、効果をより見やすく分類された状態で選択することができます。

図4-3-6「画面切り替え」一覧

※各スライド内の文字や画像の表示などに関するアニメーションは、「アニメーション」タブの「アニメーションの詳細設定」から「アニメーションの追加」を選択して開くアニメーションの種類を選んで設定します。

≫プレゼンテーション（スライドショー）の開始

「スライドショー」タブの「スライドショーの開始」から任意の表示方法を選択

▶▶▶**画面全体にスライドが表示され、スライドショーが開始される**

図4-3-7「スライドショー」タブ

※「スライドショー」タブの「設定」からスライドショーに関する詳細な設定やリハーサルの設定を行うことができます。
※表示を次のスライドに切り替えるには、マウスをクリックするか、キーボードから スペース → 等のキーを押します。
※プレゼンテーションを途中で終了するには、キーボードから esc キーを押します。

≫配布資料の作成

1．「ファイル」タブの「印刷」を選択
2．「設定」から「配付資料」と1ページに表示するスライドの枚数等を設定

図4-3-8「ファイル」タブの「印刷」での配付資料設定

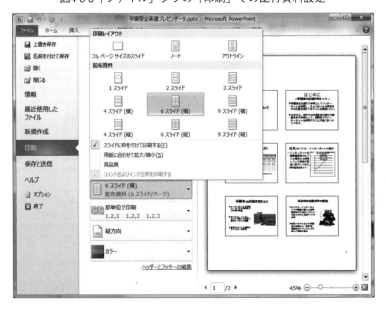

3．「印刷」ボタンをクリック

▶▶▶**印刷が開始される**

操作-5 Microsoft Office 2013の操作

5-1 MS Word 2013

▶ MS Word の起動

「スタート」メニューから「Microsoft Office 2013」→「Word 2013」を選択

※ Word 2013がスタート画面にピン留めされている場合は、そのアイコンをクリックして起動することもできます。

▶ 本文の入力（改行、改ページ）

A）改行

本文を入力して、Enterを押す

B）改ページ

「挿入」タブの「ページ」から「ページ区切り」を選択

図5-1-1 改行と改ページ

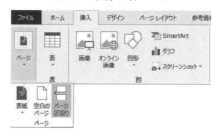

▶ 書式設定（フォント、文字サイズ、文字修飾）

A）フォント（文字種）、文字サイズ、文字修飾等

1．フォントを変更したい文字をドラッグして選択
2．「ホーム」タブの「フォント」からフォントの種類、大きさなどを選択
　（B：太文字　I：斜体　U：下線　等）

図5-1-2 フォントの設定

B）マーカー

1．マーカーで色を付けたい箇所（文字列）を選択

2.「ホーム」タブの「フォント」から （蛍光ペンの色）をクリック

>>> **選択した文字列の背景がマーカー色に変わる**

※蛍光ペンの色を変更したい場合は、「蛍光ペンの色」右横の▼プルダウンメニューから任意の色を選択します。

≫ 文書の保存

A）名前を付けて保存

1.「ファイル」タブをクリック→「名前を付けて保存」をクリック

図5-1-3 名前を付けて保存

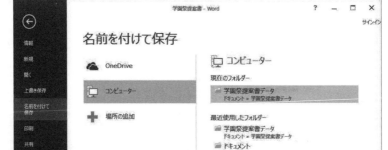

2. 保存場所（フォルダ）をクリック

>>> **「名前を付けて保存」ダイアログ ボックスが表示される**

図5-1-4「名前を付けて保存」ダイアログ ボックス（保存先指定）

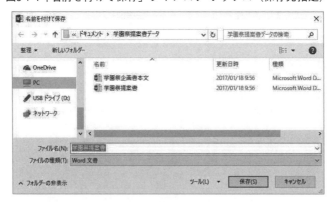

3．以下のすべての項目を設定

> ・ファイルの種類
> ・保存先
> ・ファイル名

4．「保存」ボタンをクリック

※保存先を新たに指定する場合は「参照」をクリックします。

B）上書き保存

「ファイル」タブをクリック→「上書き保存」をクリック、またはクイックアクセスツールバーから「上書き保存」ボタンをクリック

図5-1-5　クイックアクセスツールバー

≫新規文書の作成

1．「ファイル」タブをクリック→「新規」をクリック
2．「白紙の文書」をクリック

図5-1-6「新規」

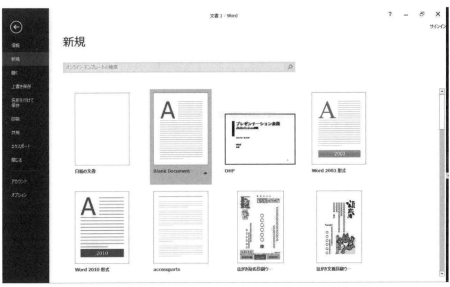

▶▶▶新しい文書ウィンドウが開く

3．新しく開いた文書に文章を入力

表示の切り替え

A）アウトライン表示

「表示」タブの「文書の表示」から「アウトライン」を選択

図5-1-7 表示の切り替え

▶▶▶表示がアウトラインモードに切り替わる

B）印刷レイアウト表示

「表示」メニューから「印刷レイアウト」を選択

アウトラインの操作

A）アウトライン項目の作成

下に新しい項目を挿入したい行の文末にカーソルを挿入→Enter

▶▶▶改行で作成された新しい行がアウトライン項目となる

図5-1-8 アウトライン項目の挿入

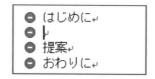

B）アウトライン項目のレベル（階層）変更

レベルを変更したいタイトルを選択し、「アウトラインツール」の「レベル上げ」ボタンや「レベル下げ」ボタンをクリック、または「アウトラインレベル」ポップアップメニューから任意のレベルを選択

図5-1-9(A) アウトラインツール

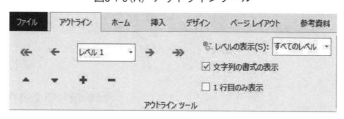

▶▶▶項目のレベルが変わる

図5-1-9(B) アウトラインレベル変更

C）アウトライン項目の移動

「アウトラインツール」の（1つ上のレベルに移動）や（1つ下のレベルに移動）をクリック、または各項目左にある－や＋をドラッグ

▶▶▶**項目の順序が入れ替わる**

図5-1-10 アウトライン項目の移動

D）アウトラインでの本文入力

1．本文を入力したい見出しの文末にカーソルを移動してキーを押す

▶▶▶**小見出しの間に空白行ができる**

図5-1-11 本文入力①（空白行の挿入）

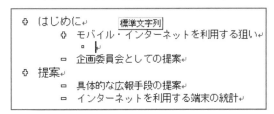

2．「アウトラインツール」の（標準文字列）ボタンをクリック、または「アウトライン　レベル」ポップアップメニューから「本文」を選択

▶▶▶**本文レベルに変更される**

3．文章を入力

図5-1-12 本文入力②（レベルの変更）

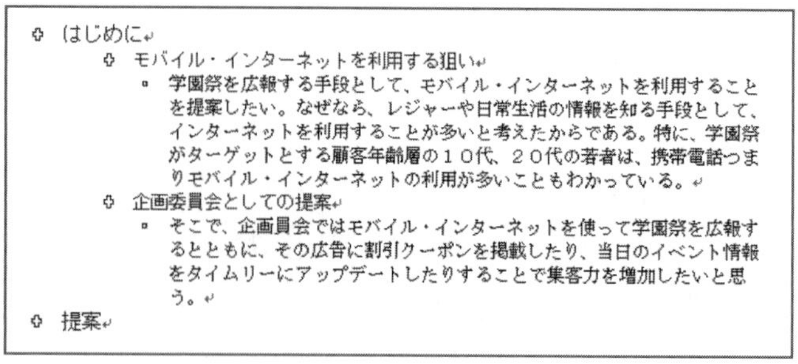

```
はじめに
    モバイル・インターネットを利用する狙い
        学園祭を広報する手段として、モバイル・インターネットを利用すること
        を提案したい。なぜなら、レジャーや日常生活の情報を知る手段として、
        インターネットを利用することが多いと考えたからである。特に、学園祭
        がターゲットとする顧客年齢層の１０代、２０代の若者は、携帯電話つま
        りモバイル・インターネットの利用が多いこともわかっている。
    企画委員会としての提案
        そこで、企画員会ではモバイル・インターネットを使って学園祭を広報す
        るとともに、その広告に割引クーポンを掲載したり、当日のイベント情報
        をタイムリーにアップデートしたりすることで集客力を増加したいと思
        う。
提案
```

≫ページ設定

A）ページ設定ダイアログ ボックスの表示

「ページレイアウト」タブの「ページ設定」右下端「ページ設定ダイアログ ボックス ボックス起動ツール」をクリック

図5-1-13 ページ設定

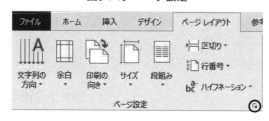

▶▶▶「ページ設定」ダイアログ ボックスが表示される

B）用紙サイズの設定

（下のいずれかの方法で設定）

・「ページレイアウト」タブ→「ページ設定」の「サイズ」をクリックして開くメニューから任意の用紙サイズを選択

・「ページ設定」ダイアログ ボックスの「用紙」タブをクリック→任意の用紙サイズを選択→「OK」をクリック

操作-5　Microsoft Office 2013の操作

図5-1-14 用紙サイズの設定

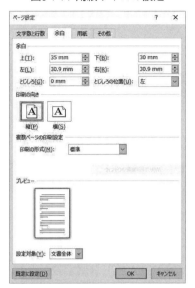

C）印刷向きの設定

（下のいずれかの方法で設定）

・「ページレイアウト」タブ→「ページ設定」の「印刷の向き」をクリックして開くメニューから「縦」か「横」を選択
・「ページ設定」ダイアログ ボックスの「余白」タブをクリック→印刷の向きで「縦書き」か「横書き」を選択→「OK」をクリック

図5-1-15 余白、印刷向きの設定

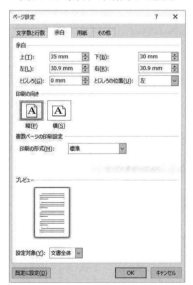

D）余白の設定：（下のいずれかの方法で設定）

・「ページレイアウト」タブ→「ページ設定」の「余白」を選択して開くメニューから

任意の余白サイズを選択
・「ページ設定」ダイアログ ボックスの「余白」タブをクリック→余白のサイズを設定→「OK」をクリック

E）文字数と行数の設定

「ページ設定」ダイアログ ボックスの「文字数と行数」タブをクリック→行数と文字数を設定→「OK」をクリック

図5-1-16 文字数と行数の設定

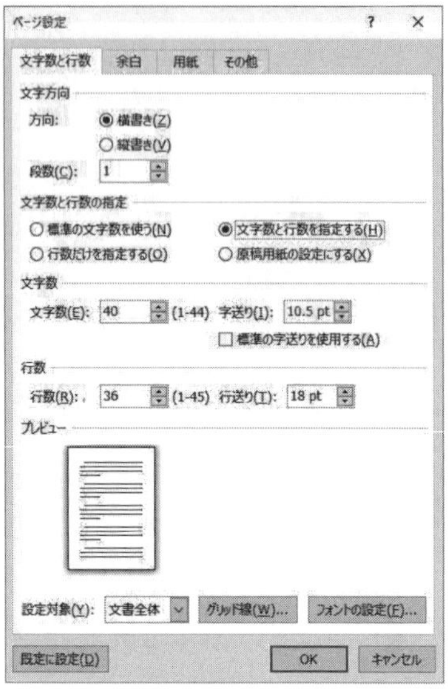

≫印刷

1．「ファイル」タブをクリック→「印刷」をクリック

図5-1-17 印刷

2．「プリンタの名前」「印刷範囲」「印刷部数」等を設定・確認

※使用可能なプリンタが複数ある場合は、印刷したいプリンタの名前をあらかじめ確認しておきましょう。

3．「印刷」ボタンをクリック

≫ 段組み

1．文書内の段組みを行う範囲を選択

※文書全体を範囲とする場合は「ホーム」タブ→「編集」→「選択」→「すべて選択」を選択し、文書全体を選択します。

2．「ページレイアウト」タブをクリック

3．「ページ設定」から「段組み」をクリックして開くメニューから任意の段数を選択

図5-1-18 段組み①

※段組においてより細かい設定を行う場合は、上記メニューから「段組みの詳細設定」を選択して開く「段組み」ダイアログ ボックスから設定を行います。

▶▶▶選択範囲に対して段組みが設定される

図5-1-19 段組み②（段組みされた文書）

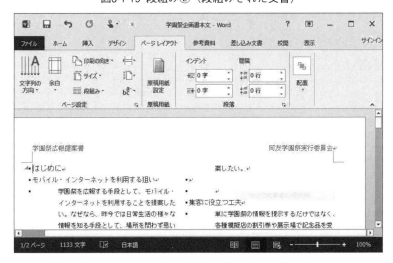

※2段組みにすると横書き文書は左右2段、縦書き文書は上下2段に分かれます。

≫インデント、タブ、段落書式

A）インデントの設定

図5-1-20 段落でのインデントの設定

1．インデントを設定する段落を選択
2．「ホーム」タブの「段落」から「段落ダイアログ ボックス起動ツール」を選択

▶▶▶「段落」ダイアログ ボックスが開く

3．「段落」ダイアログ ボックスでインデントを設定

※インデントは行頭の文字の字下げや、行末の文字の折り返し位置を設定する機能です。上図の設定では、範囲指定した段落が全体的に左から3文字分右へ移動し、各段落最初の行の行頭が1文字分字下げされます。

B）タブの設定

1．「ルーラー」の任意の位置をクリックし、タブ位置を設定

※ルーラーが表示されていない場合、「表示」タブの「表示」から「ルーラー」をクリックしてチェックを入れると、ルーラーが表示されます。

2．本文中でキーボードから[Tab]を押す

▶▶▶タブ入力以降がタブ位置へ移動する

操作-5　Microsoft Office 2013の操作

図5-1-21　タブ位置設定例

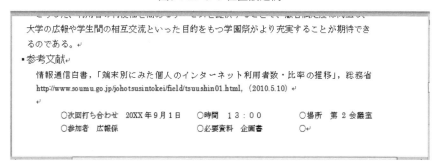

※ Tab を押す毎にカーソルは一番近い次のタブ位置に移動します。このように入力することで、項目間のスペース調整が効率よく行えます。

C）その他の段落書式の設定

「段落」ダイアログ ボックスで行の間隔等を設定

※行の間隔を調整することで、1ページ内に表示する文章量を調整したり、レイアウトにメリハリを付けたりすることができます。

≫ヘッダーとフッター

1．「挿入」タブの「ヘッダー」をクリックして開いたメニューから任意のヘッダーを選択

図5-1-22　ヘッダー①

▶▶▶ヘッダーに文字を入力する枠と文字入力を促すメッセージが表示される

2．ヘッダーの文字入力欄に文書のタイトルなど必要な情報を入力

図5-1-23 ヘッダー②

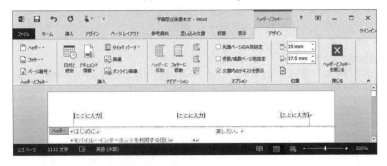

3．「挿入」タブから「フッター」をクリックして、開いたメニューから「空白」を選択（ヘッダー入力状態では、「ナビゲーション」の「フッターに移動」を選択）
4．フッターの文字入力欄に文書のタイトルなど必要な情報を入力
5．「ヘッダー/フッター ツール」の「デザイン」タブ「閉じる」から「ヘッダーとフッターを閉じる」をクリック

図5-1-24 ヘッダーとフッターを閉じる

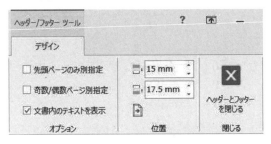

▶▶▶本文入力に戻る

※本文入力状態でヘッダー、フッターの位置をダブルクリックすることで、それらへの文字入力が行える状態になります。また、逆に、ヘッダー、フッター入力状態で本文の部分をダブルクリックすると、本文入力の状態に戻すことができます。

≫ページ番号

「挿入」タブの「ページ番号」をクリックして開くメニューから、ページ番号を表示する位置や総ページ数の有無、スタイルなどを選択

操作-5　Microsoft Office 2013の操作

図5-1-25　ページ番号の設定

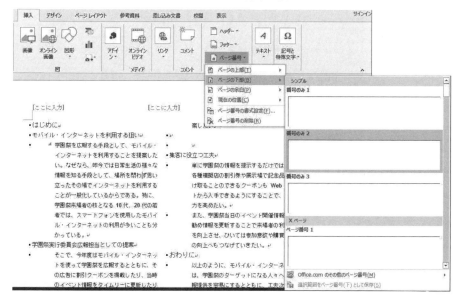

≫グラフの挿入

A）MS Word から作成

1．「挿入」タブから「グラフ」をクリック

▶▶▶「グラフの挿入」ダイアログ ボックスが開く

2．「グラフの挿入」ダイアログ ボックスからグラフの種類を選択

図5-1-26　グラフの挿入

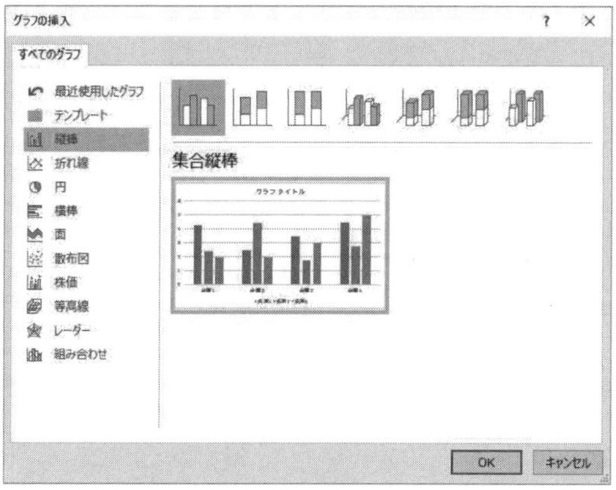

3．「OK」をクリック

▶▶▶スプレッドシートが表示される

図5-1-27 スプレッドシート

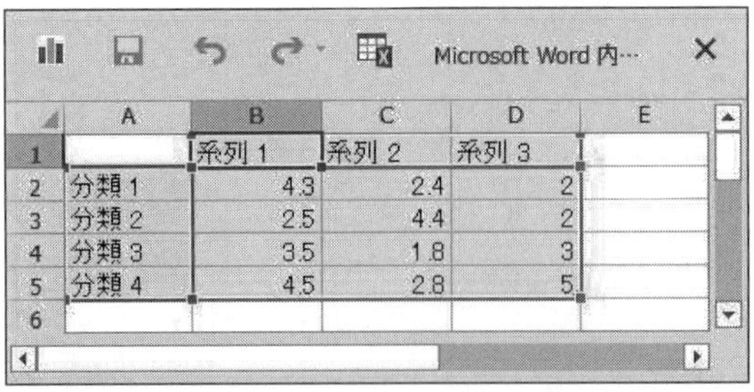

4．開いたスプレッドシートにデータを入力、またはWordの表データを貼り付け

▶▶▶**文書内にグラフが作成される**

5．スプレッドシートを閉じる

B）MS Excelからグラフをコピー

1．MS Excelで作成したグラフを選択してコピー
2．MS Word上でグラフを挿入したい位置をクリックして指定
3．MS Wordの「ホーム」タブの「貼り付け」▼プルダウンメニューから「形式を選択して貼り付け」を選択

▶▶▶**「形式を選択して貼り付け」ダイアログ ボックスが開く**

図5-1-28 「形式を選択して貼り付け」ダイアログ ボックス

4．適切な形式を選択

※後にデータの編集が必要な場合は「Microsoft Excel グラフ オブジェクト」を選択、元の形状をできるだけ維持したい場合は「図（拡張メタファイル）」を選択します。

5．「OK」をクリック

▶▶▶**グラフが貼り付けられる**

図版の挿入（図形、オンライン画像、ファイル、ワードアート）

A）図形（オートシェイプ）の挿入

1．「挿入」タブの「図」から「図形」をクリック

図形が表示される

図5-1-29 図形の選択

2．任意の図形を選択
3．図形を挿入したい箇所でドラッグして図形を描画

B）オンライン画像の挿入

1．画像を挿入したい場所をクリックして指定
2．「挿入」タブの「図」から「オンライン画像」をクリック

▶▶▶「画像の挿入」ウィンドウが表示される

図5-1-30「画像の挿入」ウィンドウ

3．「画像の挿入」ウィンドウで、使用したい画像に関するキーワードを「イメージ検索」欄に入力し、をクリック

▶▶▶検索された画像が表示される

図5-1-31 検索された画像

※画像の使用に際しては、ライセンスを確認した上で著作権に配慮して使用します。

4．該当するオンライン画像を選んでクリック

▶▶▶オンライン画像が本文中に挿入される

※適宜、「種類」等のフィルタで絞り込んだ上で画像を探します。

C）ファイルから図を挿入

1．画像を挿入したい場所をクリックして指定
2．「挿入」タブの「図」から「画像」をクリック

図5-1-32 「画像」（ファイルから）

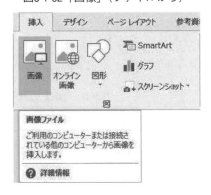

▶▶▶「図の挿入」ダイアログ ボックスが開く

図5-1-33「図の挿入」ダイアログ ボックス

3．「図の挿入」ダイアログ ボックスから挿入したい画像や写真のある場所を指定
4．挿入したい画像ファイルを選択し、「挿入」をクリック

▶▶▶ファイルの図が本文中に挿入される

図5-1-34 挿入された画像

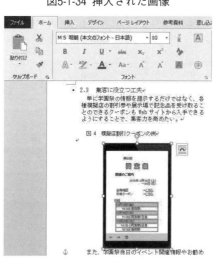

D）ワードアートの挿入
1．ワードアートを挿入したい場所をクリックして指定
2．「挿入」タブの「テキスト」から A をクリックして表示されたメニューから任意のワードアート スタイルを選択

図5-1-35 ワードアートの選択メニュー（「ワードアート スタイル」）

▶▶▶「テキストをここに入力」と記されたプレースホルダー テキストが文書中に配置される

3．プレースホルダーに文字列を入力

図5-1-36 配置されたワードアート

※ワードアートのサイズは、後からドラッグ等の操作によって容易に拡大・縮小できます。また、ワードアートの書式等他の内容に関しても後から変更が可能です。
※ワードアートが上下で切れていて全てが表示されない場合、「段落」ダイアログ ボックスの「行間」で調整できます（1行など）。

図5-1-37「段落」ダイアログ ボックスの「行間」設定

≫図の書式設定

A）サイズの変更（ドラッグ）

1．図をクリックして選択
2．図の外周に表示されたサイズ変更ハンドル（小さい丸や四角の）ポイントをドラッグしてサイズを変更

※サイズ変更ハンドル外側へドラッグすると拡大し、内側にドラッグすると縮小します。また、キーボードの Shift キーを押しながらハンドルをドラッグすると、縦横の比率を保ったまま拡大・縮小が行えます。

B）サイズの変更（数字で比率を入力）
1．図をクリックして表示される「図ツール」の「書式」タブ「サイズ」右下端の「レイアウトの詳細設定ダイアログ ボックス起動ツール」をクリック

図5-1-38 図のサイズ設定①（「レイアウトの詳細設定ダイアログ ボックス起動ツール」）

▶▶▶「レイアウトの詳細設定」ダイアログ ボックスが表示される

2．「レイアウト」ダイアログ ボックスで「サイズ」タブを選択

図5-1-39 図のサイズ設定②（「レイアウトの詳細設定」ダイアログ ボックス）

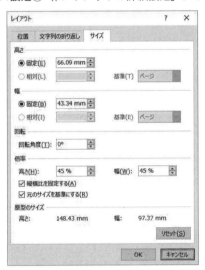

3．「高さ」と「幅」や「倍率」等を設定し、「OK」をクリック

C）図のレイアウトとテキスト折り返しの設定（「レイアウトオプション」から）
　図をクリックして選択すると図の右上に表示される▣をクリックして表示されるメニューから任意の「文字列の折り返し」を選択

D）図のレイアウトとテキスト折り返しの設定（「書式」タブから）
1．図をクリックして選択

▶▶▶図ツールが表示される

2.「図ツール」の「書式」タブ「文字列の折り返し」を選択して表示されるメニューから任意の折り返し形式を選択

図5-1-40「文字列の折り返し」メニュー

▶▶▶選択した折り返し形式で図の周辺の文字列が再配置される

※文字列の折り返しは、最初は「行内」に設定されているので、位置を自由に移動させる場合は「行内」以外を選択します。本書の操作においては、主に「四角」または「上下」に設定します。
※その他、図を右クリックして表示されるコンテキストメニューから「文字列の折り返し」を選択し、さらに表示されるサブメニューから任意の折り返し形式を選択することや、「レイアウトの詳細設定」ダイアログ ボックスの「文字の折り返し」でも行えます。

≫図の順序の設定（複数図版の前後関係）

A）「書式」タブから設定

1．図をクリックして選択

▶▶▶図ツール「書式」が表示される

2．図ツール「書式」タブの「前面に移動」「背面に移動」や各項目右横の▼プルダウンメニューから任意の順序を選択

B）コンテキストメニューから設定

図を右クリックして表示されるコンテキストメニューの「最前面に移動」「最背面に移動」やそのサブメニューで任意の順序を選択

≫図の移動

・図中ほどのポインタの形が変わるところでマウスボタンを押し、任意の移動先までドラッグ

※図のレイアウト書式（テキスト折り返し）が「行内」になっている場合、文字列の移動と同様になります。

≫表の挿入（MS Word で作表）

1．「挿入」タブの「表」をクリック

▶▶▶ 「表の挿入」が表示される

2．「表の挿入」のマス目から必要な行数と列数をドラッグして指定、または「表の挿入…」を選択して表示される「表の挿入」ダイアログ ボックスで列数と行数を入力
→「OK」をクリック

図5-1-41「表の挿入」ダイアログ ボックス

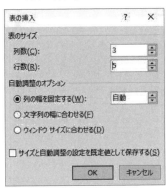

≫表の挿入（MS Excel で作表）

1．MS Excel で作成した表を選択してコピー
2．MS Word 上でグラフを挿入したい位置をクリックして指定
3．MS Word の「ホーム」タブの「貼り付け」▼プルダウンメニューから「形式を選択して貼り付け」を選択

▶▶▶ 「形式を選択して貼り付け」ダイアログ ボックスが開く

図5-1-42「形式を選択して貼り付け」ダイアログ ボックス

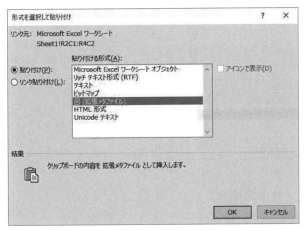

4．適切な形式を選択→「OK」をクリック

※後にデータの編集が必要な場合は「Microsoft Excel ワークシート オブジェクト」を選択、元の形状をできるだけ維持したい場合は「図（拡張メタファイル）」を選択します。

≫表内の書式設定（文字の配置）

1．表内の書式設定を行う範囲を選択
2．表ツール「ページレイアウト」タブの「配置」から文字の適切な配置を選択

図5-1-43 表内の書式設定（文字の配置）

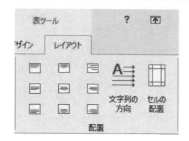

※選択箇所を右クリックして表示されるコンテキストメニューの「表のプロパティ」から任意の配置を選択しても、文字の配置設定が行えます。

≫表内の書式設定（塗りつぶしの色）

1．表内の網掛けを行う範囲をドラッグして選択
2．表ツール「デザイン」タブの「塗りつぶし」から任意の色を選択

図5-1-44 表内の書式設定（塗りつぶしの色）

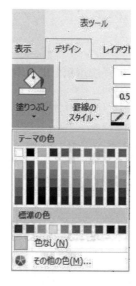

≫表内の書式設定（セルの結合）

1．表内のセルの結合を行う範囲をドラッグして選択

2．選択範囲を右クリックして表示されるコンテキストメニューの「セルの結合」、または表ツール「ページレイアウト」タブの「結合」から「セルの結合」を選択

≫図表番号

1．図表番号を付けたい図表を選択
2．「参考資料」タブの「図表」から「図表番号の挿入」をクリック

図5-1-45 図表番号の挿入

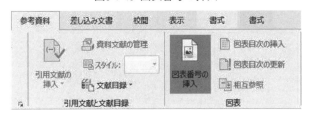

▶▶▶「図表番号」ダイアログ ボックスが開く

3．「図表番号ダイアログ ボックス」で「ラベル」を選択、または「ラベル名」を入力して、「OK」をクリック

図5-1-46 図表番号ダイアログ ボックス

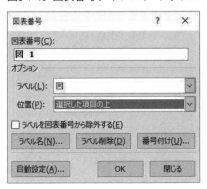

▶▶▶図版に図表番号が付加される

≫脚注

1．脚注を付ける文字列を選択
2．「参考資料」タブの「脚注」から「脚注の挿入」をクリック

図5-1-47 脚注の挿入

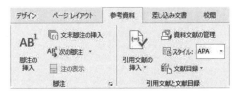

ページの最後に脚注が挿入される

※任意の場所や書式で脚注を挿入する場合は、「参考資料」タブの「脚注」右下端「脚注と文末脚注 ダイアログ ボックス起動ツール」をクリックして開いた「脚注と文末脚注」ダイアログ ボックスで「場所」や「書式」を指定し、最後に「挿入」をクリックします。

図5-1-48「脚注と文末脚注」ダイアログ ボックス

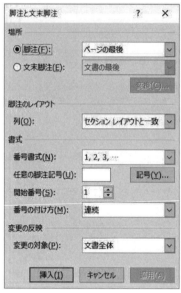

≫箇条書きと段落番号の設定

1. 箇条書きを設定したい段落を選択
2. 「ホーム」タブの「段落」から「箇条書き」「段落番号」等をクリックして表示されるプルダウンメニューから任意の番号やリストの形式を選択

図5-1-49 箇条書きと段落番号の設定

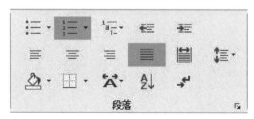

図5-1-50 リストの選択

※「ホーム」タブ「段落」の「箇条書き」「段落番号」プルダウンメニュー内の「新しい番号書式の定義」や「新しいアウトラインの定義」からさらに詳細な「箇条書き」「段落番号」等に関する設定が行えます。

≫セクション区切り

1．セクション区切りをする位置を選択
2．「ページレイアウト」タブ「ページ設定」の「区切り」からセクション区切りの種類を選択

図5-1-51 セクション区切り

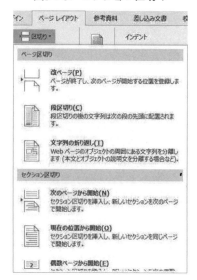

※ヘッダーやフッターの内容を任意のページから変更したい場合（例：表紙のみページ番号を表示しない等）、表示を変更したいページのヘッダーまたはフッター入力欄を選択し、「ヘッダー / フッターツール」の「デザイン」「ナビゲーション」の「前と同じヘッダー / フッター」をクリックして選択（ハイライト表示）を解除します。

図5-1-52「前と同じヘッダー / フッター」

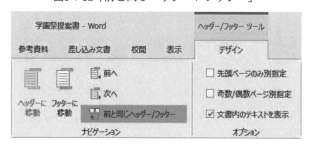

≫目次（自動作成）

1．文中の目次として表示したい項目を選択
2．「参考資料」タブ「目次」の「テキストの追加」をクリックして表示されるプルダウンメニューからレベルを選択

図5-1-53 目次へテキストの追加

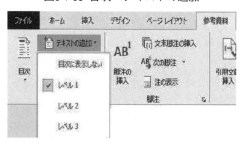

※目次に表示したいすべての項目について1.～2.の操作を行います。

3．目次を挿入する行を選択し「参考資料」タブの「目次」をクリックして開くメニューから任意の「自動作成の目次～」を選択

図5-1-54 目次の挿入

※目次の詳細を設定した上で作成する場合は、「参考資料」タブの「目次」をクリックして開くメニューから「ユーザー設定の目次…」を選択し、開いた「目次」ダイアログ ボックスで設定を行います。

図5-1-55 「目次」ダイアログ ボックス

※事前に項目レベルの設定を行わずに目次を作成する場合は、「参考資料」タブの「目次」から「手動作成目次」を選択し、挿入した目次欄に直接目次の項目を入力します。

目次の更新

1. 「参考資料」タブの「目次」から「目次の更新」をクリック

　　　▶▶▶ **「目次の更新」ダイアログ ボックスが表示される**

2. 更新したい目次内容により、「目次の更新」ダイアログ ボックスで「ページ番号だけを更新する」または「目次をすべて更新する」を選択し、「OK」をクリック

図5-1-56「目次の更新」ダイアログ ボックス

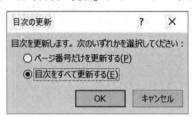

文献目録の作成

1. 「参考資料」タブ「引用文献と文献目録」の「スタイル」で文献目録のスタイルを選択

図5-1-57 引用文献のスタイル選択

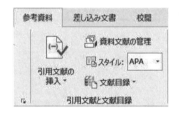

2. 「参考資料」タブの「引用文献と文献目録」から「引用文献の挿入」→「新しい資料文献の追加」を選択

図5-1-58 引用文献の挿入

　　　▶▶▶ **「資料文献の作成」ダイアログ ボックスが開く**

3. 「資料文献の作成」ダイアログ ボックスで必要項目を入力→「OK」をクリック

図5-1-59 「資料文献の作成」ダイアログ ボックス

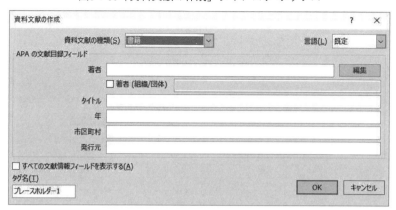

≫ 文献目録の挿入

「参考資料」タブの「引用文献と文献目録」から「文献目録」→「文献目録の挿入」を選択

図5-1-60 文献目録の挿入

5-2 MS Excel 2016

≫ MS Excel の起動

「スタート」メニューから「Microsoft Office 2013」→「Excel 2013」を選択

※ Excel 2013がスタート画面にピン留めされている場合は、そのアイコンをクリックして起動することもできます。

≫データ、計算式の入力

データを入力したい「セル」を選択し、セル内または数式バーにデータを入力→Enter

※計算式を入力する場合は、数式の先頭に必ず「＝」を入力します。

図5-2-1 データの入力

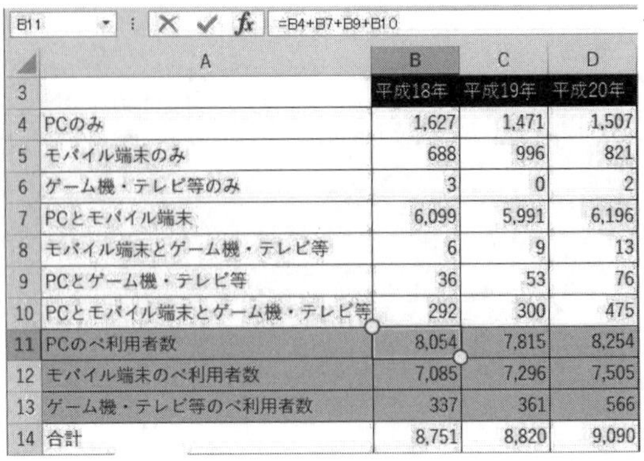

	A	B	C	D
3		平成18年	平成19年	平成20年
4	PCのみ	1,627	1,471	1,507
5	モバイル端末のみ	688	996	821
6	ゲーム機・テレビ等のみ	3	0	2
7	PCとモバイル端末	6,099	5,991	6,196
8	モバイル端末とゲーム機・テレビ等	6	9	13
9	PCとゲーム機・テレビ等	36	53	76
10	PCとモバイル端末とゲーム機・テレビ等	292	300	475
11	PCのべ利用者数	8,054	7,815	8,254
12	モバイル端末のべ利用者数	7,085	7,296	7,505
13	ゲーム機・テレビ等のべ利用者数	337	361	566
14	合計	8,751	8,820	9,090

≫セルのコピー

A）コピー＆貼り付け

1．コピー元のセルを選択（複数選択も可能）

2．「ホーム」タブの「クリップボード」から（コピー）をクリック

※キーボードショートカット（Ctrl＋C）や右クリックで表示されるコンテキストメニューから「コピー」を選択することでも行えます。

3．コピー先のセルを選択（複数選択も可能）

4．「ホーム」タブの「クリップボード」から（貼り付け）をクリック

▶▶▶3．で選択したセルにコピーされたデータが貼り付けられる

※キーボードショートカット（Ctrl＋V）や右クリックで表示されるコンテキストメニューから「貼り付け」を選択することでも行えます。

B）オートフィル

1．コピー元のセルを選択（複数選択も可能）

2．選択したセルの（フィルハンドル）をドラッグ

▶▶▶セルが連続的にコピーされる

≫新規ブックの作成

「ファイル」タブをクリック→ファイルで「新規作成」→「空白のブック」をクリック

図5-2-2 空白のブック作成

▶▶▶空白のブック（ワークシート）が開く

≫ワークシートの選択
開きたいワークシートのシートタブをクリック

図5-2-3 シートタブ

≫ワークシートの挿入
1.「ホーム」タブの「セル」から「挿入」プルダウンメニュー→「シートの挿入」を選択

▶▶▶現在開いているシートの前に新規ワークシートが追加される

2. ワークシート下部の「新しいシート」⊕をクリック

▶▶▶現在開いているシートの後に新規ワークシートが追加される

≫ワークシートの移動、コピー
1. 移動やコピーしたいワークシートを選択して開く
2.「ホーム」タブの「セル」から「書式」プルダウンメニュー→「シートの移動またはコピー」を選択

▶▶▶「シートの移動またはコピー」ダイアログ ボックスが開く

図5-2-4「シートの移動またはコピー」ダイアログ ボックス

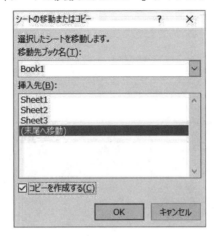

※1.～2.はシートタブを右クリックして開くメニューからでも操作することができます。

3．移動先またはコピーしたシートを貼り付ける場所を選択（指定したシートの後ろに移動または挿入される）

4．コピーする場合は「コピーを作成する」をクリック

▶▶▶チェックボックスにチェックマークが入る

※「コピーを作成する」にチェックを入れない場合は、移動になります。

5．「OK」をクリック

▶▶▶ワークシートが移動またはコピーされる

ワークシート名の変更

1．名前を変えたいワークシートを選択して開く
2．「ホーム」タブの「セル」から「書式」プルダウンメニュー→「シート名の変更」を選択

▶▶▶シート名がハイライト表示（白黒反転）される

※1.～2.の操作はシートタブを右クリックして開いたメニューから操作することもできます。

3．シートタブに新たなシート名を入力→Enter

※名前を変えたいシートタブをダブルクリックすることで、1.～2.の操作に代えることができます。

ワークシートの削除

1．削除したいワークシートを選択して開く
2．「ホーム」タブの「セル」から「削除」プルダウンメニュー→「シートの削除」を選択

※1.～2.の操作はシートタブを右クリックして開いたメニューから操作することもできます。

≫関数の入力

1. 計算結果を表示したい「セル」を選択
2. 「数式」タブの「関数ライブラリ」で「関数の挿入」*fx*をクリック

▶▶▶ **「関数の挿入」ダイアログ ボックスが開く**

図5-2-5「関数の挿入」ダイアログ ボックス

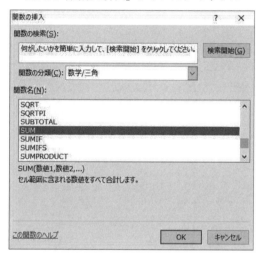

※数式バー左横の*fx*（「関数の挿入」ボタン）をクリックすることで2.の操作に代えることができます。

3. 「関数の挿入」ダイアログ ボックス「関数の分類」から関数の種類を、「関数名」から関数を選択→「OK」をクリック

▶▶▶ **「関数の引数」ダイアログ ボックスが開く**

4. 「関数の引数」ダイアログ ボックスで数値欄を選択し、計算に必要なデータが入力されたセル群を選択

図5-2-6「関数の引数」の入力

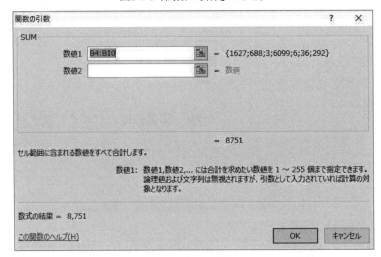

※「関数の挿入ダイアログ ボックス」で（ダイアログ ボックス縮小）（ダイアログ ボックス展開）ボタンをクリックしてダイアログ ボックスの非表示/表示を切り替え、セル選択のためにワークシートを見やすくすることができます。
※キーボードで直接セル名や数式を入力することも可能です。
※合計や平均など、よく使用する関数は「ホーム」タブの「編集」や「数式」タブの「関数ライブラリ」にあるΣ「オートSUM」▼から選択して使用することができます。

主な関数

表5-2-1

関数名	処理名	関数の分類	関数の引数ダイアログ ボックスでの操作
SUM	合計	数学/三角	「数値1」に合計を求めるセルの範囲を指定
AVERAGE	平均	統計	「数値1」に平均を求めるセルの範囲を指定
MAX	最大値	統計	「数値1」に最大値を求めるセルの範囲を指定
MIN	最小値	統計	「数値1」に最小値を求めるセルの範囲を指定
MEDIAN	中央値	統計	「数値1」に中央値を求めるセルの範囲を指定
COUNT	データの個数	統計	「数値1」にデータ数を求めるセルの範囲を指定
SQRT	平方根	数学/三角	「数値」に平方根を求めるセルを指定
DEVSQ	偏差平方和	統計	「数値1」に標本または母集団のセルの範囲を指定
VAR.S※	標本分散	統計	「数値1」に標本のセルの範囲を指定
STDEV.S※	標本標準偏差	統計	「数値1」に標本のセルの範囲を指定

※母集団に対する処理の場合は、それぞれ「VAR.P」「STDEV.P」を使用します。

罫線の設定（簡易設定）

1. 罫線を設定する範囲のセルを選択
2. 「ホーム」タブの「フォント」から をクリックし、開いたメニューから罫線の

種類を選択

図5-2-7 罫線の種類選択

▶▶▶罫線が設定される

≫罫線の設定（詳細設定）

1. 罫線を設定する範囲のセルを選択
2. 「ホーム」タブの「フォント」右下端「セルの書式設定ダイアログ ボックス起動ツール」をクリック、または「ホーム」タブの「セル」から「書式」→「セルの書式設定」をクリック

図5-2-8 セルの書式設定ダイアログ ボックス起動

▶▶▶「セルの書式設定」ダイアログ ボックスが開く

3. 「セルの書式設定」ダイアログ ボックスで「罫線」タブを選択

図5-2-9 セルの書式設定ダイアログ ボックス

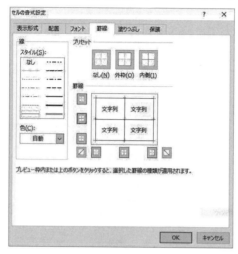

4．罫線の種類等を設定
5．「OK」をクリック

▶▶▶罫線が設定される

≫ セルの書式設定（フォント等）

1．フォントを変更したいセルまたは文字列を選択
2．「ホーム」タブの「フォント」「配置」…等にある各種ツールから該当するもの（文字種、サイズ、色、配置…等）を選択

図5-2-10 書式設定関連ツール

≫ CSV や Text ファイルの読み込み

1．「ファイル」タブ→「開く」を選択

図5-2-11 ファイルを開く

2．「開く」から「コンピューター」→「参照」をクリック

※「コンピューター」をクリックして表示されるディレクトリから直接任意のファイルを開くこともできます。

▶▶▶「ファイルを開く」ダイアログ ボックスが開く

図5-2-12「ファイルを開く」ダイアログ ボックス

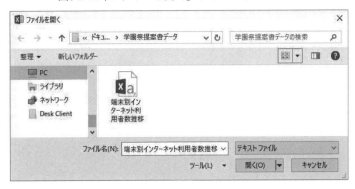

3．ダイアログ ボックスのファイルの種類（ファイル名設定枠の右側のメニュー）を「すべての Excel ファイル」から「テキストファイル（*.prn; *.text; *.csv,）」に変更
4．csv ファイルを保存している場所に移動して開きたい csv ファイルを選択し、「開く」をクリック

▶▶▶ csv ファイルがワークシートに読み込まれる

図5-2-13 読み込まれたCSV ファイルのデータ

	A	B	C	D	E	F	G	H	I	J	K
1	端末別にみた個人のインターネット利用者数·比率の推移										
2											（人数:万人）
3		平成18年	平成19年	平成20年	平成21年	平成22年	平成23年	平成24年	平成25年	平成26年	平成27年
4	PCのみ	1,627	1,471	1,507	1,292	1,509	1,818	1,705	1,560	1,519	1,206
5	モバイル端	688	996	821	885	744	1,338	1,348	1,902	2,326	2,682
6	ゲーム機·:	3	0	2	2	3	20	23	114	128	100
7	PCとモバイ	6,099	5,991	6,196	6,492	6,495	5,413	5,457	4,948	4,784	4,762
8	モバイル端	6	9	13	6	9	30	66	179	206	231
9	PCとゲーム	36	53	76	103	73	169	137	203	140	100
10	PCとモバイ	292	300	475	627	630	821	915	1,138	916	964
11	PCのべ利月	8,054	7,815	8,254	8,514	8,707	8,221	8,214	7,849	7,359	7,032
12	モバイル端	7,085	7,296	7,505	8,010	7,878	7,602	7,786	8,167	8,232	8,639
13	ゲーム機·:	337	361	566	738	715	1,040	1,141	1,634	1,390	1,395
14	合計	8,751	8,820	9,090	9,407	9,463	9,609	9,651	10,044	10,019	10,045
15											
16											

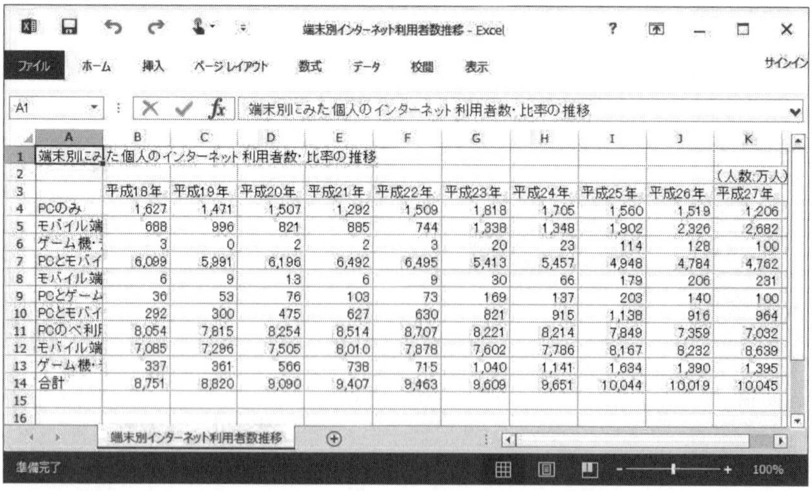

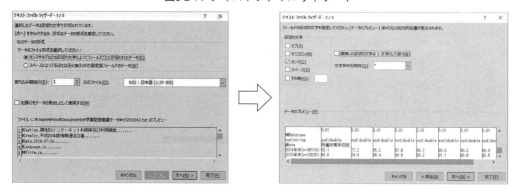

※ text ファイルを読み込む際は、「開く」をクリックした後に「テキスト ファイル ウィザード」ダイアログ ボックスが表示されるので、その中でデータ形式や言語形式（テキストエンコーディング）を指定します。

図5-2-14 テキストファイルウィザード

三項移動平均

1．元データの左端（または一番上）から２番目のセルの下（または右）にあるセルを選択

2．１.で選択したセルに元データの左端（または一番上）から３番目までのセルの値の平均を求める

図5-2-15 三項移動平均①

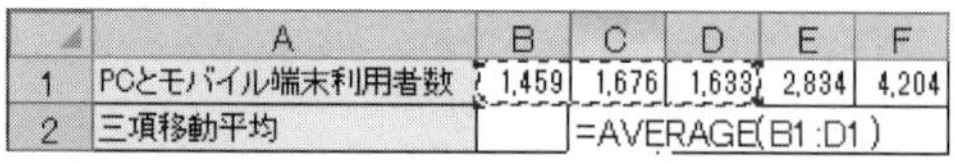

	A	B	C	D	E	F
1	PCとモバイル端末利用者数	1,459	1,676	1,633	2,834	4,204
2	三項移動平均		=AVERAGE(B1:D1)			

※図5-2-15の場合は、セルC2にセルB1～D1の平均を求めます。

3．２.で平均を入力したセルを元データの末尾セルの一つ手前の下（または右）までコピー

図5-2-16 三項移動平均②

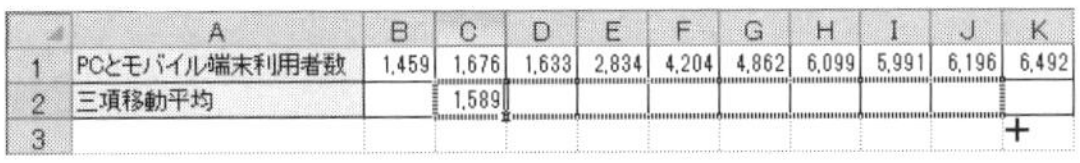

	A	B	C	D	E	F	G	H	I	J	K
1	PCとモバイル端末利用者数	1,459	1,676	1,633	2,834	4,204	4,862	6,099	5,991	6,196	6,492
2	三項移動平均		1,589								
3											

※図5-2-16の場合は、セル C2を J2まで連続的にコピーします。

≫グラフ作成

1．グラフの元データとなる範囲のセルを選択

図5-2-17 グラフの元データ選択

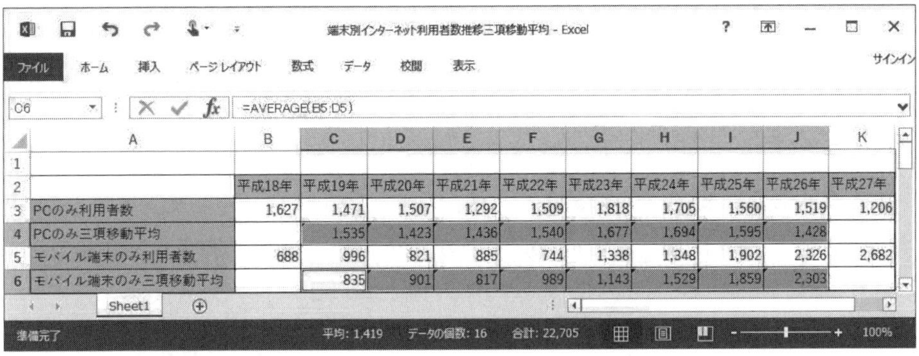

2．「挿入」タブの「グラフ」から作成したいグラフの種類を選択

▶▶▶グラフが挿入される

図5-2-18 グラフの種類選択

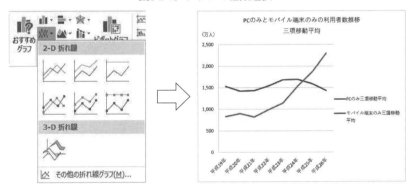

≫グラフの編集

1．作成したグラフを選択

▶▶▶「グラフ ツール」が表示される

2．「グラフ ツール」内「デザイン」タブの「グラフのレイアウト」「グラフ スタイル」等でグラフの書式を変更

図5-2-19 グラフ ツール

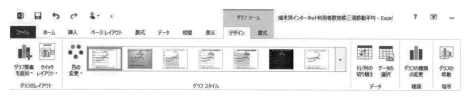

≫グラフ書式の設定操作例

グラフを選択し、グラフ ツールが表示されている状態で以下の操作を行います。

A）軸目盛の消去

「グラフ ツール」内「デザイン」タブの「グラフ要素を追加▼」をクリックして表示されるメニューから「目盛線」→「第1主横（または縦）軸」等を選択

※目盛線がない場合は上記操作で軸目盛が表示されます。

B）軸の書式設定（軸ラベルの角度）

1．「グラフ ツール」内「デザイン」タブの「グラフ要素を追加▼」をクリックして表示されるメニューから「軸」→「その他の軸オプション…」を選択

▶▶▶「軸の書式設定」が開く

2．「軸の書式設定」で「文字のオプション」→テキストボックスを選択

図5-2-20 軸の書式設定（配置）

3．「テキストボックス」の「文字列の方向」を「横書き」にした上で「ユーザー設定の角度」を設定（図5-2-24参照）

C）凡例の消去

「グラフ ツール」内「デザイン」タブの「グラフ要素を追加▼」をクリックして表示されるメニューから「凡例」→「なし」を選択

※グラフエリア内の凡例を右クリックして表示されるコンテキストメニューから「削除」を選択するか、凡例を選択した状態でキーボードの Delete を押すことによっても、凡例を消去できます。

D）軸ラベル名の設定

1．「グラフ ツール」内「デザイン」タブの「グラフ要素を追加▼」をクリックして表示されるメニューから「軸ラベル」→「第1横軸（または縦軸）」を選択

▶▶▶グラフエリアに軸ラベルが表示される

2．軸ラベル名を入力

※表示された軸ラベル名は軸ラベルをドラッグして場所を移動したり、軸ラベルをダブルクリックして表示される「軸ラベルの書式設定」で書式を変更したりできます。

E）グラフタイトルの設定

1．「グラフ ツール」内「デザイン」タブの「グラフ要素を追加▼」をクリックして表示されるメニューから「グラフタイトル」→配置方法を選択

▶▶▶グラフエリアにグラフタイトルが表示される

2．グラフタイトルを入力

F）グラフタイトルや軸ラベル等の文字列書式設定

1．書式を変更したい項目の文字列を選択
2．「ホーム」タブの「フォント」から該当する項目を選択して設定

図5-2-21 フォントツール

≫ヒストグラムの作成

1．作成した棒グラフの棒の一つ（項目要素）を右クリックして開いたコンテキストメニューから「データ系列の書式設定…」を選択（またはダブルクリック）

▶▶▶「データ系列の書式設定」が表示される

2．「データ系列の書式設定」で「系列のオプション」■を選択
3．「系列のオプション」の「要素の間隔」を「０％」に設定

図5-2-22 要素の間隔設定

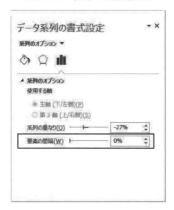

4．「データ系列の書式設定」で「塗りつぶしと線」を選択
5．「枠線の色」等を指定

図5-2-23 枠線の色設定

▶▶▶棒グラフの棒（項目要素）どうしの間隔がなくなり、ヒストグラムの書式に変更される

図5-2-24 ヒストグラム作成例

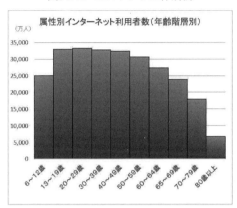

≫ブックの保存

A）名前を付けて保存

1. 「ファイル」タブをクリック→「名前を付けて保存」をクリック
2. 以下のすべての項目を設定

> ・ファイルの種類
> ・保存先
> ・ファイル名

3. 保存先を新たに指定する場合は「参照」をクリック

▶▶▶ 「名前を付けて保存」ダイアログ ボックスが表示される

図5-2-25「名前を付けて保存」ダイアログ ボックス（保存先指定）

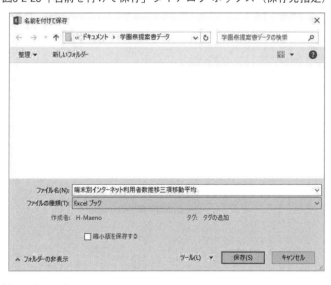

4. 「保存」ボタンをクリック

B）上書き保存

「ファイル」タブ→「上書き保存」を選択

5-3　MS PowerPoint 2013

≫ MS PowerPoint の起動

「スタート」メニューから「Microsoft Office 2013」→「PowerPoint 2013」を選択（または、スタート画面のタイルにある PowerPoint アイコンをクリック）

※ PowerPoint 2013がスタート画面にピン留めされている場合は、そのアイコンをクリックして起動することもできます。

≫ スライドのテーマの設定

「デザイン」タブの「テーマ」から任意のテーマを選択

　　　　　　　　　　　　　　　▶▶▶スライドのデザインが変更される

※ USBメモリ等、他の場所に保存されているテーマを使用する場合は、「デザインタブ」の「テーマ」右下にある「その他」▼をクリックして開いたテーマ下部の「テーマの参照…」から設定を行います。

図5-3-1　その他から開いたテーマ

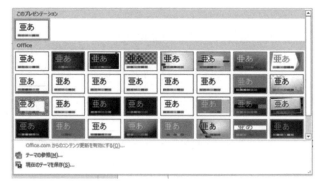

≫ タイトルスライドの作成

1．「ダブルタップしてタイトルを追加」と表示されているタイトル用の枠にタイトルを入力

図5-3-2 タイトル入力

※この枠のことを「プレースホルダ」と呼びます。

2．「タップしてサブタイトルを追加」と表示されているサブタイトル用のプレースホルダ内にサブタイトルを入力（省略可）

◈スライドの挿入

1．「ホーム」タブの「スライド」から「新しいスライド」をクリック

▶▶▶新たなスライド画面が挿入される

※新たなスライドは、現在開いているスライドの一つ後ろに挿入されます。
※「新しいスライド」の▼をクリックして表示されるテーマ一覧の中の任意のレイアウトを選択して、新たにスライドを挿入することができます。

◈スライドのレイアウト

1．レイアウトを変更したいスライドを表示
2．「ホーム」タブの「スライド」から「レイアウト」を選択

▶▶▶レイアウトの一覧が開く

図5-3-3 スライドのレイアウト

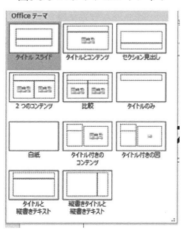

3．レイアウトの一覧から任意のレイアウトを選択

▶▶▶スライドのレイアウトが変更される

≫テキストの入力

1．「ダブルタップしてテキストを追加」と表示されているテキスト用のプレースホルダ内をクリック
2．文章を入力

図5-3-4 箇条書きテキストの入力

≫図版の挿入

「挿入」タブの「画像」「図」等から任意の項目を選択

※「オンライン画像」の場合は「画像の挿入」ウィンドウから任意の画像を検索した上で選択して挿入します。「画像」の場合は開いた「図の挿入」ダイアログから任意の画像ファイルを選択して挿入します。

※スライドにコンテンツ用のプレースホルダを含むレイアウトを設定し、表示されたコンテンツホルダから任意の種類の図版を選択して挿入することが可能です。

※動画や音声の挿入は、「挿入」タブの「メディア」から、またはプレースホルダから任意の項目を選択し、使用したいファイルを開きます。

図5-3-5 図版の挿入

≫スライドの一覧表示

「表示」タブの「プレゼンテーションの表示」から「スライド一覧」を選択

▶▶▶スライドがサムネイルで一覧表示される

※スライド一覧やアウトライン、サムネイルでスライドのサムネイルをドラッグすることにより、提示順序を入れ替えることができます。

≫ スライドの削除

スライドのサムネイルで右クリックして開いたコンテキストメニューから「スライドの削除」を選択

≫ 画面の切り替え効果

「画面切り替え」タブの「画面切り替え」から切り替え効果の種類を、「タイミング」で切り替え時間等を選択

▶▶▶スライドに画面の切り替え効果が設定される

※「画面切り替え」タブの「タイミング」から「すべてに適応」をクリックするとすべてのスライドに画面切り替え効果が設定されます。
※「画面切り替え」タブの「画面切り替え」ギャラリー・スクロールバー下にある「その他」▼をクリックして開くウィンドウから、効果をより見やすく分類された状態で選択することができます。
※「画面切り替え」タブの「画面切り替え」ギャラリー・スクロールバー下にある「その他」▼をクリックして開くウィンドウから、効果をより見やすく分類された状態で選択することができます。

図5-3-6「画面切り替え」一覧

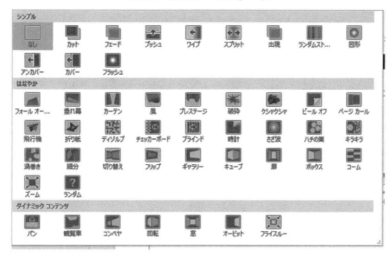

※各スライド内の文字や画像の表示などに関するアニメーションは、「アニメーション」タブの「アニメーションの詳細設定」から「アニメーションの追加」を選択して開くアニメーションの種類を選んで設定します。

≫ プレゼンテーション（スライドショー）の開始

「スライドショー」タブの「スライドショーの開始」から任意の表示方法を選択

▶▶▶画面全体にスライドが表示され、スライドショーが開始される

図5-3-7「スライドショー」タブ

※「スライドショー」タブの「設定」からスライドショーに関する詳細な設定やリハーサルの設定を行うことができます。
※表示を次のスライドに切り替えるには、マウスをクリックするか、キーボードから スペース → 等のキーを押します。
※プレゼンテーションを途中で終了するには、キーボードから esc を押します。

配布資料の作成

1．「ファイル」タブ→「印刷」を選択
2．「設定」から「配付資料」と1ページに表示するスライドの枚数等を設定

図5-3-8「ファイル」タブの「印刷」における配付資料設定

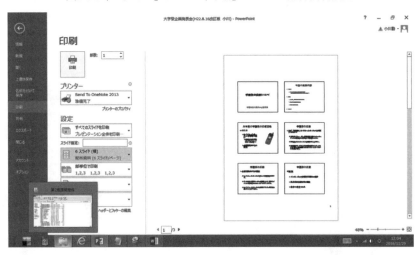

3．「印刷」ボタンをクリック

▶▶▶印刷が開始される

プレゼンテーションの保存

A）名前を付けて保存

1．「ファイル」タブ→「名前を付けて保存」を選択
2．以下のすべての項目を設定

> ・ファイルの種類
> ・保存先
> ・ファイル名

3．保存先を新たに指定する場合は「参照」をクリック

　　　　　　▶▶▶**「名前を付けて保存」ダイアログ ボックスが表示される**

B）上書き保存
　「ファイル」タブ→「上書き保存」を選択

操作-6 Microsoft Office 2016の操作

6-1 MS Word 2016

≫ MS Word の起動

「スタート」メニューから「Word 2016」を選択

※ Word 2016がスタート画面にピン留めされている場合は、そのアイコンをクリックして起動することもできます。

≫ 本文の入力（改行、改ページ）

A）改行

本文を入力して、Enter を押す

B）改ページ

「挿入」タブの「ページ」から「ページ区切り」を選択

図6-1-1 改行と改ページ

≫ 書式設定（フォント、文字サイズ、文字修飾）

A）フォント（文字種）、文字サイズ、文字修飾等

1．フォントを変更したい文字をドラッグして選択
2．「ホーム」タブの「フォント」からフォントの種類、大きさなどを選択
　（B：太文字　I：斜体　U：下線　等）

図6-1-2 フォントの設定

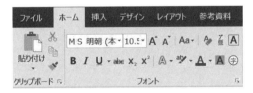

B）マーカー

1．マーカーで色を付けたい箇所（文字列）を選択
2．「ホーム」タブの「フォント」から （蛍光ペンの色）をクリック

▶▶▶ **選択した文字列の背景がマーカー色に変わる**

※蛍光ペンの色を変更したい場合は、「蛍光ペンの色」右横の▼プルダウンメニューから任意の色を選択します。

◎ 文書の保存

A）名前を付けて保存

1．「ファイル」タブをクリック→「名前を付けて保存」をクリック

図6-1-3 名前を付けて保存

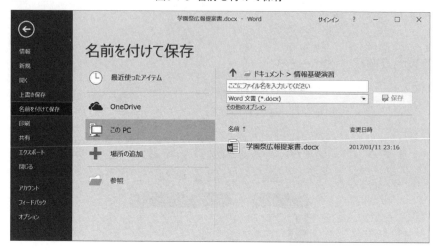

2．以下のすべての項目を設定

・ファイルの種類
・保存先
・ファイル名

3．保存先を新たに指定する場合は「参照」をクリック

▶▶▶ **「名前を付けて保存」ダイアログ ボックスが表示される**

図6-1-4「名前を付けて保存」ダイアログ ボックス（保存先指定）

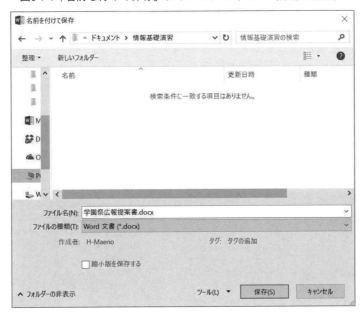

4．「保存」ボタンをクリック

B）上書き保存

「ファイル」タブをクリック→「上書き保存」をクリック、またはクイックアクセスツールバーから「上書き保存」ボタン🖫をクリック

図6-1-5 クイックアクセスツールバー

≫新規文書の作成

1．「ファイル」タブをクリック→「新規」をクリック
2．「白紙の文書」をクリック

図6-1-6「新規」

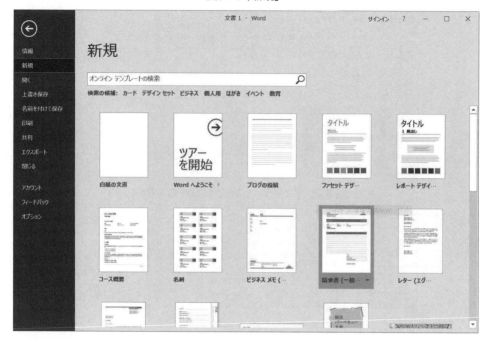

▶▶▶新しい文書ウィンドウが開く

3．新しく開いた文書に文章を入力

表示の切り替え

A）アウトライン表示

「表示」タブの「文書の表示」から「アウトライン」を選択

図6-1-7 表示の切り替え

▶▶▶表示がアウトラインモードに切り替わる

B）印刷レイアウト表示

「表示」メニューから「印刷レイアウト」を選択

アウトラインの操作

A）アウトライン項目の作成

下に新しい項目を挿入したい行の文末にカーソルを挿入→ Enter

▶▶▶改行で作成された新しい行がアウトライン項目となる

図6-1-8 アウトライン項目の挿入

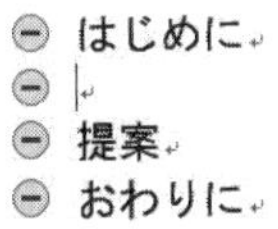
はじめに
提案
おわりに

B）アウトライン項目のレベル（階層）変更

レベルを変更したいタイトルを選択し、「アウトラインツール」の「レベル上げ」ボタンや「レベル下げ」ボタンをクリック、または「アウトラインレベル」ポップアップメニューから任意のレベルを選択

図6-1-9(A) アウトラインツール

ファイル
アウトライン
ホーム
挿入
デザイン
レイアウト
参考資
レベル 1
レベルの表示(S):
すべてのレベル
文字列の書式の表示
1 行目のみ表示
アウトライン ツール

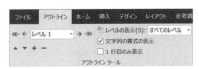

▶▶▶項目のレベルが変わる

図6-1-9(B) アウトラインレベル変更

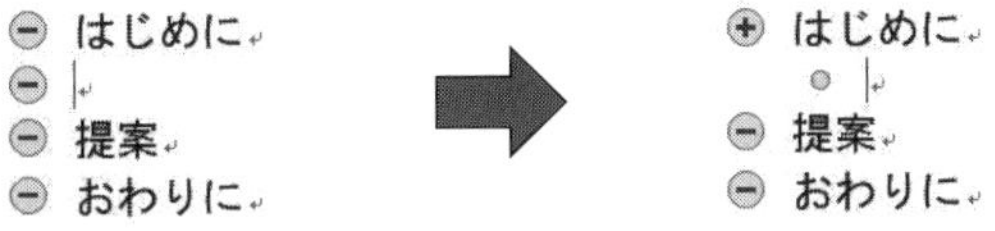
はじめに
提案
おわりに
はじめに
提案
おわりに

C）アウトライン項目の移動

「アウトラインツール」の（1つ上のレベルに移動）や（1つ下のレベルに移動）をクリック、または各項目左にある－や＋をドラッグ

▶▶▶項目の順序が入れ替わる

図6-1-10 アウトライン項目の移動

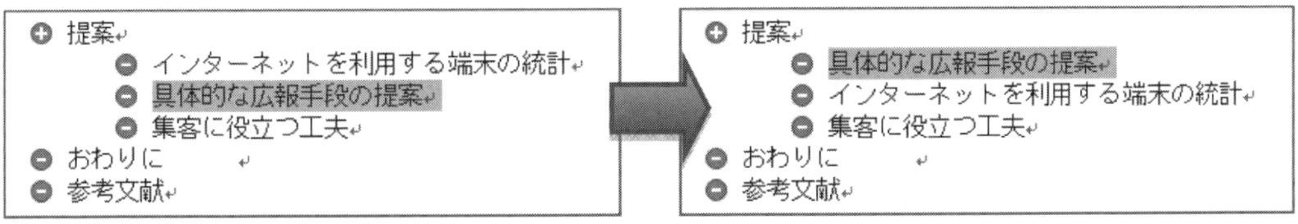
提案
インターネットを利用する端末の統計
具体的な広報手段の提案
集客に役立つ工夫
おわりに
参考文献
提案
具体的な広報手段の提案
インターネットを利用する端末の統計
集客に役立つ工夫
おわりに
参考文献

D）アウトラインでの本文入力

1．本文を入力したい見出しの文末にカーソルを移動してキーを押す

▶▶▶小見出しの間に空白行ができる

図6-1-11 本文入力①（空白行の挿入）

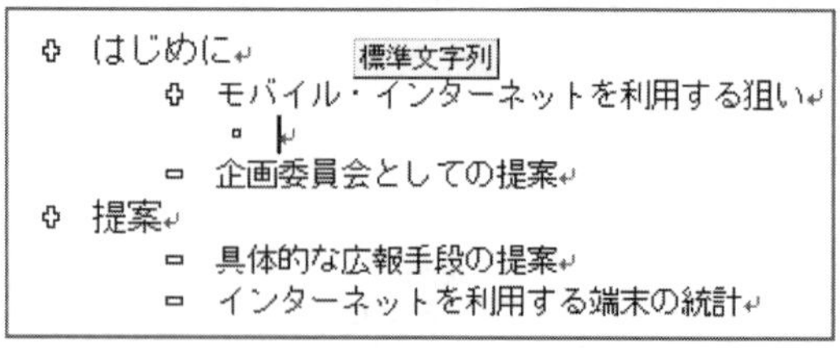
はじめに
標準文字列
モバイル・インターネットを利用する狙い

企画委員会としての提案
提案
具体的な広報手段の提案
インターネットを利用する端末の統計

2.「アウトラインツール」の（標準文字列）ボタンをクリック、または「アウトライン レベル」ポップアップメニューから「本文」を選択

▶▶▶本文レベルに変更される

3. 文章を入力

図6-1-12 本文入力②（レベルの変更）

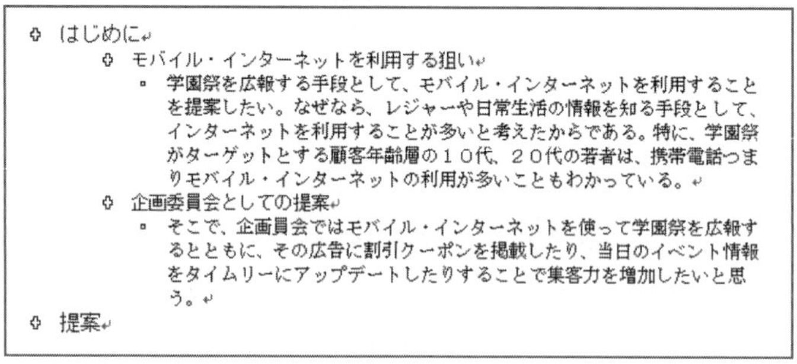
はじめに
モバイル・インターネットを利用する狙い
学園祭を広報する手段として、モバイル・インターネットを利用することを提案したい。なぜなら、レジャーや日常生活の情報を知る手段として、インターネットを利用することが多いと考えたからである。特に、学園祭がターゲットとする顧客年齢層の１０代、２０代の若者は、携帯電話つまりモバイル・インターネットの利用が多いこともわかっている。
企画委員会としての提案
そこで、企画委員会ではモバイル・インターネットを使って学園祭を広報するとともに、その広告に割引クーポンを掲載したり、当日のイベント情報をタイムリーにアップデートしたりすることで集客力を増加したいと思う。
提案

≫ページ設定

A）ページ設定ダイアログ ボックスの表示

「レイアウト」タブの「ページ設定」右下端「ページ設定ダイアログ ボックスボックス起動ツール」をクリック

図6-1-13 ページ設定

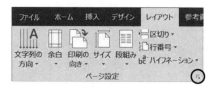

▶▶▶「ページ設定」ダイアログ ボックスが表示される

B）用紙サイズの設定

（下のいずれかの方法で設定）

・「レイアウト」タブ→「ページ設定」の「サイズ」をクリックして開くメニューから任意の用紙サイズを選択

・「ページ設定」ダイアログ ボックスの「用紙」タブをクリック→任意の用紙サイズを

選択→「OK」をクリック

図6-1-14 用紙サイズの設定

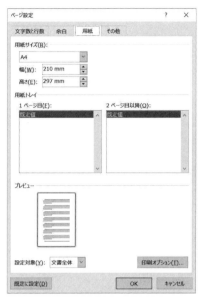

C）印刷向きの設定

（下のいずれかの方法で設定）

・「レイアウト」タブ→「ページ設定」の「印刷の向き」をクリックして開くメニューから「縦」か「横」を選択
・「ページ設定」ダイアログ ボックスの「余白」タブをクリック→印刷の向きで「縦書き」か「横書き」を選択→「OK」をクリック

図6-1-15 余白、印刷向きの設定

D）余白の設定：（下のいずれかの方法で設定）
- 「ページレイアウト」タブ→「ページ設定」の「余白」を選択して開くメニューから任意の余白サイズを選択
- 「ページ設定」ダイアログ ボックスの「余白」タブをクリック→余白のサイズを設定→「OK」をクリック

E）文字数と行数の設定

「ページ設定」ダイアログ ボックスの「文字数と行数」タブをクリック→行数と文字数を設定→「OK」をクリック

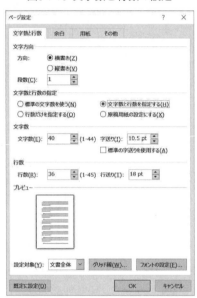

図6-1-16 文字数と行数の設定

≫印刷

1．「ファイル」タブをクリック→「印刷」をクリック

図6-1-17 印刷

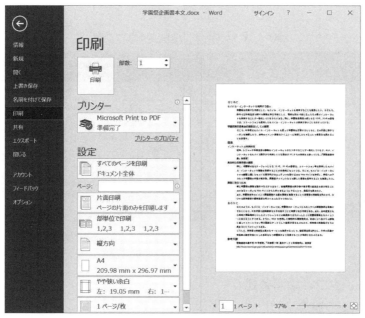

2．「プリンタの名前」「印刷範囲」「印刷部数」等を設定・確認

※使用可能なプリンタが複数ある場合は、印刷したいプリンタの名前をあらかじめ確認しておきましょう。

3．「印刷」ボタンをクリック

≫段組み

1．文書内の段組みを行う範囲を選択

※文書全体を範囲とする場合は「ホーム」タブ→「編集」→「選択」→「すべて選択」を選択し、文書全体を選択します。

2．「レイアウト」タブをクリック

3．「ページ設定」から「段組み」をクリックして開くメニューから任意の段数を選択

図6-1-18 段組み①

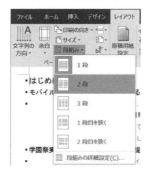

※段組においてより細かい設定を行う場合は、上記メニューから「段組みの詳細設定」を選択して開く「段組み」ダイアログ ボックスから設定を行います。

▶▶▶**選択範囲に対して段組みが設定される**

図6-1-19 段組み②（段組みされた文書）

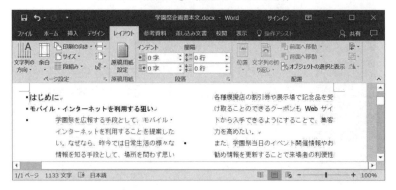

※2段組みにすると横書き文書は左右2段、縦書き文書は上下2段に分かれます。

◎インデント、タブ、段落書式

A）インデントの設定

図6-1-20 段落でのインデントの設定

1．インデントを設定する段落を選択
2．「ホーム」タブの「段落」から「段落ダイアログ ボックス起動ツール」を選択

▶▶▶**「段落」ダイアログ ボックスが開く**

3．「段落」ダイアログ ボックスでインデントを設定

※インデントは行頭の文字の字下げや、行末の文字の折り返し位置を設定する機能です。上図の設定では、範囲指定した段落が全体的に左から３文字分右へ移動し、各段落最初の行の行頭が１文字分字下げされます。

B）タブの設定

１．「ルーラー」の任意の位置をクリックし、タブ位置を設定

※ルーラーが表示されていない場合、「表示」タブの「表示」から「ルーラー」をクリックしてチェックを入れると、ルーラーが表示されます。

２．本文中でキーボードから［Tab］を押す

▶▶▶タブ入力以降がタブ位置へ移動する

図6-1-21　タブ位置設定例

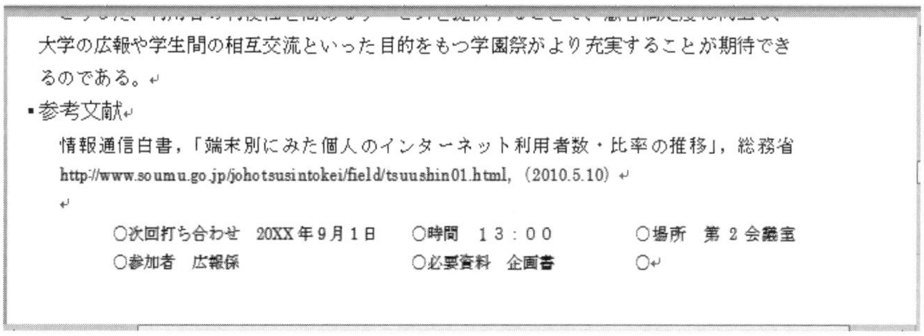

大学の広報や学生間の相互交流といった目的をもつ学園祭がより充実することが期待できるのである。↵
▪参考文献↵
情報通信白書，「端末別にみた個人のインターネット利用者数・比率の推移」，総務省
http://www.soumu.go.jp/johotsusintokei/field/tsuushin01.html，（2010.5.10）↵
↵
○次回打ち合わせ　20XX年９月１日　○時間　１３：００　○場所　第２会議室
○参加者　広報係　○必要資料　企画書　○↵

※［Tab］を押す毎にカーソルは一番近い次のタブ位置に移動します。このように入力することで、項目間のスペース調整が効率よく行えます。

C）その他の段落書式の設定

「段落」ダイアログ ボックスで行の間隔等を設定

※行の間隔を調整することで、１ページ内に表示する文章量を調整したり、レイアウトにメリハリを付けたりすることができます。

◎ヘッダーとフッター

１．「挿入」タブの「ヘッダー」をクリックして開いたメニューから任意のヘッダーを選択

図6-1-22 ヘッダー①

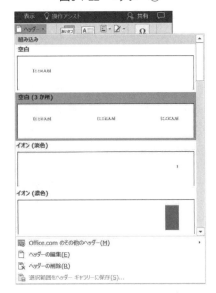

▶▶▶ヘッダーに文字を入力する枠と文字入力を促すメッセージが表示される

2．ヘッダーの文字入力欄に文書のタイトルなど必要な情報を入力

図6-1-23 ヘッダー②

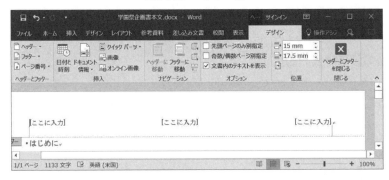

3．「挿入」タブから「フッター」をクリックして、開いたメニューから「空白」を選択（ヘッダー入力状態では、「ナビゲーション」の「フッターに移動」を選択）
4．フッターの文字入力欄に文書のタイトルなど必要な情報を入力
5．「ヘッダー／フッター ツール」の「デザイン」タブ「閉じる」から「ヘッダーとフッターを閉じる」をクリック

図6-1-24 ヘッダーとフッターを閉じる

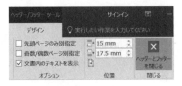

操作-6　Microsoft Office 2016の操作

▶▶▶本文入力に戻る

※本文入力状態でヘッダー、フッターの位置をダブルクリックすることで、それらへの文字入力が行える状態になります。また、逆に、ヘッダー、フッター入力状態で本文の部分をダブルクリックすると、本文入力の状態に戻すことができます。

≫ページ番号

「挿入」タブの「ページ番号」をクリックして開くメニューから、ページ番号を表示する位置や総ページ数の有無、スタイルなどを選択

図6-1-25　ページ番号の設定

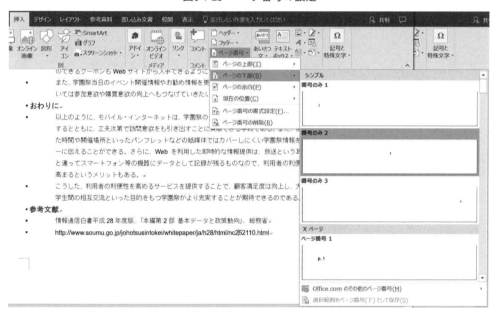

≫グラフの挿入

A）MS Word から作成

1．「挿入」タブから「グラフ」をクリック

▶▶▶「グラフの挿入」ダイアログ ボックスが開く

2．「グラフの挿入」ダイアログ ボックスからグラフの種類を選択

図6-1-26 グラフの挿入

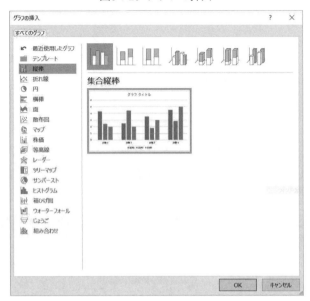

3．「OK」をクリック

▶▶▶スプレッドシートが表示される

図6-1-27 スプレッドシート

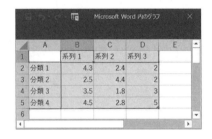

4．開いたスプレッドシートにデータを入力、またはWordの表データを貼り付け

▶▶▶文書内にグラフが作成される

5．スプレッドシートを閉じる

B）MS Excelからグラフをコピー

1．MS Excelで作成したグラフを選択してコピー
2．MS Word上でグラフを挿入したい位置をクリックして指定
3．MS Wordの「ホーム」タブの「貼り付け」▼プルダウンメニューから「形式を選択して貼り付け」を選択

▶▶▶「形式を選択して貼り付け」ダイアログボックスが開く

図6-1-28「形式を選択して貼り付け」ダイアログ ボックス

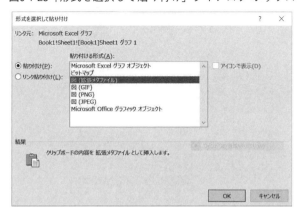

4．適切な形式を選択

※後にデータの編集が必要な場合は「Microsoft Excel グラフ オブジェクト」を選択、元の形状をできるだけ維持したい場合は「図（拡張メタファイル）」を選択します。

5．「OK」をクリック

▶▶▶グラフが貼り付けられる

≫図版の挿入（図形、オンライン画像、ファイル、ワードアート）

A）図形（オートシェイプ）の挿入

1．「挿入」タブの「図」から「図形」をクリック

▶▶▶図形が表示される

図6-1-29 図形の選択

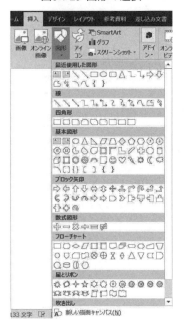

2．任意の図形を選択
3．図形を挿入したい箇所でドラッグして図形を描画

B）オンライン画像の挿入

1．画像を挿入したい場所をクリックして指定
2．「挿入」タブの「図」から「オンライン画像」をクリック

▶▶▶ **「画像の挿入」ウィンドウが表示される**

図6-1-30 「画像の挿入」ウィンドウ

3．「画像の挿入」ウィンドウで、使用したい画像に関するキーワードを「イメージ検索」欄に入力し、 をクリック

▶▶▶検索された画像が表示される

図6-1-31 検索された画像

※画像の使用に際しては、ライセンスを確認した上で著作権に配慮して使用します。
4．該当するオンライン画像を選んでクリック

▶▶▶オンライン画像が本文中に挿入される

※適宜、「種類」等のフィルタで絞り込んだ上で画像を探します。
C）ファイルから図を挿入
1．画像を挿入したい場所をクリックして指定
2．「挿入」タブの「図」から「画像」をクリック

図6-1-32「画像」（ファイルから）

▶▶▶「図の挿入」ダイアログ ボックスが開く

図6-1-33 「図の挿入」ダイアログ ボックス

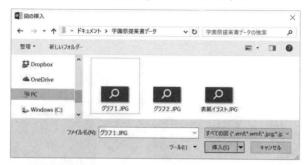

3．「図の挿入」ダイアログ ボックスから挿入したい画像や写真のある場所を指定
4．挿入したい画像ファイルを選択し、「挿入」をクリック

▶▶▶ファイルの図が本文中に挿入される

図6-1-34 挿入された画像

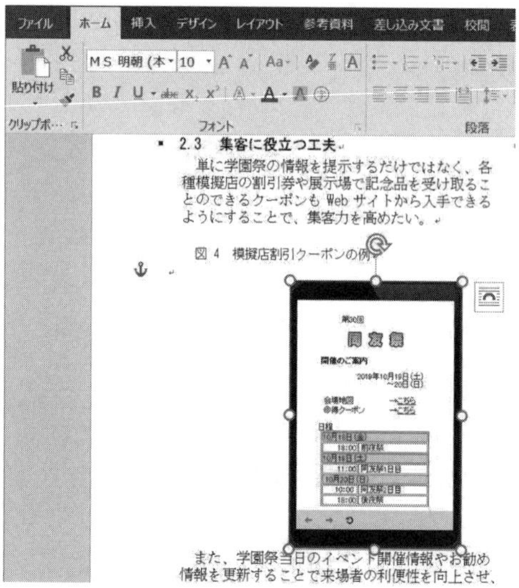

D）ワードアートの挿入

1．ワードアートを挿入したい場所をクリックして指定
2．「挿入」タブの「テキスト」から A をクリックして表示されたメニューから任意のワードアート スタイルを選択

図6-1-35 ワードアートの選択メニュー（「ワードアート スタイル」）

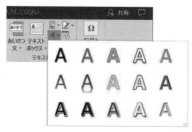

▶▶▶「テキストをここに入力」と記されたプレースホルダー テキストが文書中に配置される

3．プレースホルダーに文字列を入力

図6-1-36 配置されたワードアート

※ワードアートのサイズは、後からドラッグ等の操作によって容易に拡大・縮小できます。また、ワードアートの書式等他の内容に関しても後から変更が可能です。
※ワードアートが上下で切れていて全てが表示されない場合、「段落」ダイアログ ボックスの「行間」で調整できます（1行など）。

図6-1-37「段落」ダイアログ ボックスの「行間」設定

≫図の書式設定

A）サイズの変更（ドラッグ）

1．図をクリックして選択
2．図の外周に表示されたサイズ変更ハンドル（小さい丸や四角の）ポイントをドラッグしてサイズを変更

※サイズ変更ハンドル外側へドラッグすると拡大し、内側にドラッグすると縮小します。また、キーボードの Shift キーを押しながらハンドルをドラッグすると、縦横の比率を保ったまま拡大・縮小が

行えます。

B）サイズの変更（数字で比率を入力）
1．図をクリックして表示される「図ツール」の「書式」タブ「サイズ」右下端の「レイアウトの詳細設定ダイアログ ボックス起動ツール」をクリック

図6-1-38 図のサイズ設定①（「レイアウトの詳細設定ダイアログ ボックス起動ツール」）

▶▶▶「レイアウトの詳細設定」ダイアログ ボックスが表示される

2．「レイアウト」ダイアログ ボックスで「サイズ」タブを選択

図6-1-39 図のサイズ設定②（「レイアウトの詳細設定」ダイアログ ボックス）

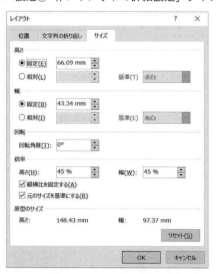

3．「高さ」と「幅」や「倍率」等を設定し、「OK」をクリック

C）図のレイアウトとテキスト折り返しの設定（「レイアウトオプション」から）
　図をクリックして選択すると図の右上に表示される▣をクリックして表示されるメニューから任意の「文字列の折り返し」を選択

D）図のレイアウトとテキスト折り返しの設定（「書式」タブから）
1．図をクリックして選択

▶▶▶図ツールが表示される

２．「図ツール」の「書式」タブ「文字列の折り返し」を選択して表示されるメニューから任意の折り返し形式を選択

図6-1-40「文字列の折り返し」メニュー

▶▶▶選択した折り返し形式で図の周辺の文字列が再配置される

※文字列の折り返しは、最初は「行内」に設定されているので、位置を自由に移動させる場合は「行内」以外を選択します。本書の操作においては、主に「四角」または「上下」に設定します。
※その他、図を右クリックして表示されるコンテキストメニューから「文字列の折り返し」を選択し、さらに表示されるサブメニューから任意の折り返し形式を選択することや、「レイアウトの詳細設定」ダイアログ ボックスの「文字の折り返し」でも行えます。

≫図の順序の設定（複数図版の前後関係）

A）「書式」タブから設定
１．図をクリックして選択

▶▶▶図ツール「書式」が表示される

２．図ツール「書式」タブの「前面に移動」「背面に移動」や各項目右横の▼プルダウンメニューから任意の順序を選択

B）コンテキストメニューから設定

　図を右クリックして表示されるコンテキストメニューの「最前面に移動」「最背面に移動」やそのサブメニューで任意の順序を選択

≫図の移動

・図中ほどのポインタの形が変わるところでマウスボタンを押し、任意の移動先までドラッグ
※図のレイアウト書式（テキスト折り返し）が「行内」になっている場合、文字列の移動と同様になります。

≫表の挿入（MS Word で作表）

1．「挿入」タブの「表」をクリック

▶▶▶ **「表の挿入」が表示される**

2．「表の挿入」のマス目から必要な行数と列数をドラッグして指定、または「表の挿入…」を選択して表示される「表の挿入」ダイアログ ボックスで列数と行数を入力→「OK」をクリック

図6-1-41「表の挿入」ダイアログ ボックス

≫表の挿入（MS Excel で作表）

1．MS Excel で作成した表を選択してコピー
2．MS Word 上でグラフを挿入したい位置をクリックして指定
3．MS Word の「ホーム」タブの「貼り付け」▼プルダウンメニューから「形式を選択して貼り付け」を選択

▶▶▶ **「形式を選択して貼り付け」ダイアログ ボックスが開く**

図6-1-42「形式を選択して貼り付け」ダイアログ ボックス

4．適切な形式を選択→「OK」をクリック

※後にデータの編集が必要な場合は「Microsoft Excel ワークシート オブジェクト」を選択、元の形状をできるだけ維持したい場合は「図（拡張メタファイル）」を選択します。

操作-6　Microsoft Office 2016の操作

≫表内の書式設定（文字の配置）
1．表内の書式設定を行う範囲を選択
2．表ツール「レイアウト」タブの「配置」から文字の適切な配置を選択

図6-1-43　表内の書式設定（文字の配置）

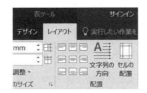

※選択箇所を右クリックして表示されるコンテキストメニューの「表のプロパティ」から任意の配置を選択しても、文字の配置設定が行えます。

≫表内の書式設定（塗りつぶしの色）
1．表内の網掛けを行う範囲をドラッグして選択
2．表ツール「デザイン」タブの「塗りつぶし」から任意の色を選択

図6-1-44　表内の書式設定（塗りつぶしの色）

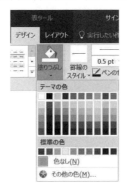

≫表内の書式設定（セルの結合）
1．表内のセルの結合を行う範囲をドラッグして選択
2．選択範囲を右クリックして表示されるコンテキストメニューの「セルの結合」、または表ツール「レイアウト」タブの「結合」から「セルの結合」を選択

≫図表番号
1．図表番号を付けたい図表を選択
2．「参考資料」タブの「図表」から「図表番号の挿入」をクリック

図6-1-45 図表番号の挿入

▶▶▶「図表番号」ダイアログ ボックスが開く

3．「図表番号ダイアログ ボックス」で「ラベル」を選択、または「ラベル名」を入力して、「OK」をクリック

図6-1-46 図表番号ダイアログ ボックス

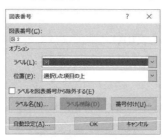

▶▶▶図版に図表番号が付加される

脚注

1．脚注を付ける文字列を選択
2．「参考資料」タブの「脚注」から「脚注の挿入」をクリック

図6-1-47 脚注の挿入

▶▶▶ページの最後に脚注が挿入される

※任意の場所や書式で脚注を挿入する場合は、「参考資料」タブの「脚注」右下端「脚注と文末脚注 ダイアログ ボックス起動ツール」をクリックして開いた「脚注と文末脚注」ダイアログ ボックスで「場所」や「書式」を指定し、最後に「挿入」をクリックします。

図6-1-48「脚注と文末脚注」ダイアログ ボックス

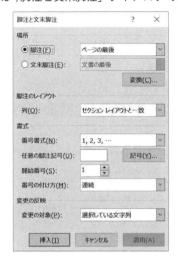

≫箇条書きと段落番号の設定

1．箇条書きを設定したい段落を選択
2．「ホーム」タブの「段落」から「箇条書き」「段落番号」等を選択

図6-1-49 箇条書きと段落番号の設定

※「ホーム」タブ「段落」の「箇条書き」「段落番号」プルダウンメニュー内の「新しい番号書式の定義」や「新しいアウトラインの定義」からさらに「箇条書き」「段落番号」等に関する詳細な設定が行えます。

図6-1-50 段落書式の設定

≫セクション区切り

1. セクション区切りをする位置を選択
2. 「レイアウト」タブ「ページ設定」の「区切り」からセクション区切りの種類を選択

図6-1-51　セクション区切り

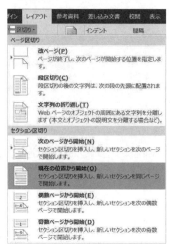

※ヘッダーやフッターの内容を任意のページから変更したい場合（例：表紙のみページ番号を表示しない等）、表示を変更したいページのヘッダーまたはフッター入力欄を選択し、「ヘッダー／フッターツール」の「デザイン」「ナビゲーション」の「前と同じヘッダー／フッター」をクリックして選択（ハイライト表示）を解除します。

図6-1-52「前と同じヘッダー／フッター」

≫目次（自動作成）

1. 文中の目次として表示したい項目を選択
2. 「参考資料」タブ「目次」の「テキストの追加」をクリックして表示されるプルダウンメニューからレベルを選択

図6-1-53　目次へテキストの追加

※目次に表示したいすべての項目について1.～2.の操作を行います。

3. 目次を挿入する行を選択し「参考資料」タブの「目次」をクリックして開くメニュ

ーから任意の「自動作成の目次〜」を選択

図6-1-54 目次の挿入

※目次の詳細を設定した上で作成する場合は、「参考資料」タブの「目次」をクリックして開くメニューから「ユーザー設定の目次…」を選択し、開いた「目次」ダイアログ ボックスで設定を行います。

図6-1-55 「目次」ダイアログ ボックス

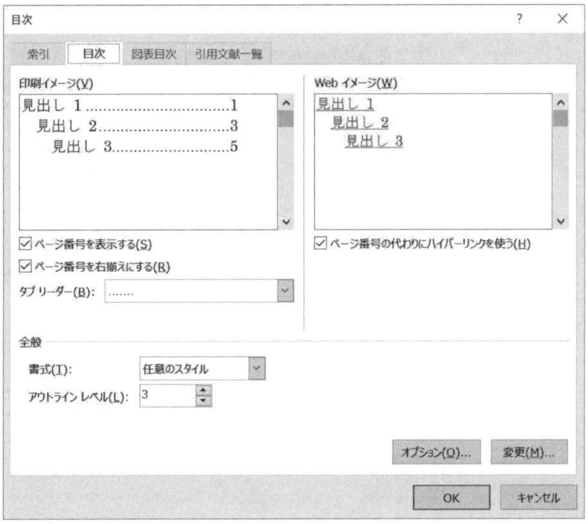

※事前に項目レベルの設定を行わずに目次を作成する場合は、「参考資料」タブの「目次」から「手動作成目次」を選択し、挿入した目次欄に直接目次の項目を入力します。

≫目次の更新

1. 「参考資料」タブの「目次」から「目次の更新」をクリック

　　　　　　　　▶▶▶「目次の更新」ダイアログ ボックスが表示される

2．更新したい目次内容により、「目次の更新」ダイアログ ボックスで「ページ番号だけを更新する」または「目次をすべて更新する」を選択し、「OK」をクリック

図6-1-56「目次の更新」ダイアログ ボックス

≫ 文献目録の作成

1．「参考資料」タブ「引用文献と文献目録」の「スタイル」で文献目録のスタイルを選択

図6-1-57 引用文献のスタイル選択

2．「参考資料」タブの「引用文献と文献目録」から「引用文献の挿入」→「新しい資料文献の追加」を選択

図6-1-58 引用文献の挿入

　　　　　　　　▶▶▶「資料文献の作成」ダイアログ ボックスが開く

3．「資料文献の作成」ダイアログ ボックスで必要項目を入力→「OK」をクリック

図6-1-59「資料文献の作成」ダイアログ ボックス

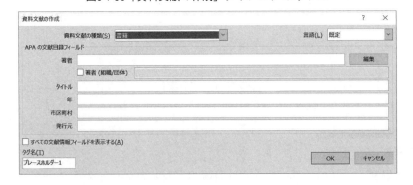

文献目録の挿入

「参考資料」タブの「引用文献と文献目録」から「文献目録」→「文献目録の挿入」を選択

図6-1-60 文献目録の挿入

6-2　MS Excel 2016

MS Excel の起動

「スタート」メニューから「Excel 2016」を選択

※ Excel 2016がスタート画面にピン留めされている場合は、そのアイコンをクリックして起動することもできます。

データ、計算式の入力

データを入力したい「セル」を選択し、セル内または数式バーにデータを入力→Enter

※計算式を入力する場合は、数式の先頭に必ず「＝」を入力します。

図6-2-1 データの入力

	A	B	C	D
1	端末別にみた個人のインターネット利用者数・比率の推移			
2				
3		平成18年	平成19年	平成20年
4	PCのみ	1,627	1,471	1,507
5	モバイル端末のみ	688	996	821
6	ゲーム機・テレビ等のみ	3	0	2
7	PCとモバイル端末	6,099	5,991	6,196
8	モバイル端末とゲーム機・テレビ等	6	9	13
9	PCとゲーム機・テレビ等	36	53	76
10	PCとモバイル端末とゲーム機・テレビ等	292	300	475
11	PCのべ利用者数	8,054	7,815	8,254
12	モバイル端末のべ利用者数	7,085	7,296	7,505
13	ゲーム機・テレビ等のべ利用者数	337	361	566
14	合計	8,751	8,820	9,090

B11 セルには =B4+B7+B9+B10 ← 数式バー

≫ セルのコピー

A）コピー＆貼り付け

1．コピー元のセルを選択（複数選択も可能）

2．「ホーム」タブの「クリップボード」から（コピー）をクリック

※キーボードショートカット（Ctrl + C）や右クリックで表示されるコンテキストメニューから「コピー」を選択することでも行えます。

3．コピー先のセルを選択（複数選択も可能）

4．「ホーム」タブの「クリップボード」から（貼り付け）をクリック

▶▶▶ 3．で選択したセルにコピーされたデータが貼り付けられる

※キーボードショートカット（Ctrl + V）や右クリックで表示されるコンテキストメニューから「貼り付け」を選択することでも行えます。

B）オートフィル

1．コピー元のセルを選択（複数選択も可能）

2．選択したセルの（フィルハンドル）をドラッグ

▶▶▶ セルが連続的にコピーされる

≫ 新規ブックの作成

「ファイル」タブをクリック→ファイルで「新規作成」→「空白のブック」をクリック

操作-6　Microsoft Office 2016の操作

図6-2-2 空白のブック作成

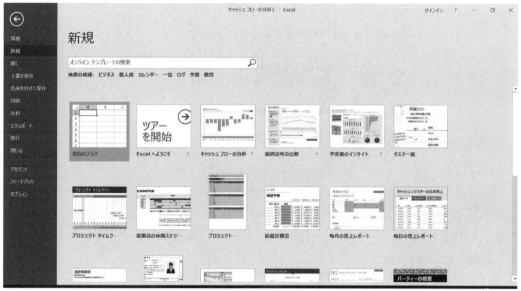

▶▶▶空白のブック（ワークシート）が開く

◈ワークシートの選択

開きたいワークシートのシートタブをクリック

図6-2-3 シートタブ

| Sheet1 | Sheet2 | Sheet3 |

◈ワークシートの挿入

1. 「ホーム」タブの「セル」から「挿入」プルダウンメニュー→「シートの挿入」を選択

　　　　▶▶▶現在開いているシートの前に新規ワークシートが追加される

2. ワークシート下部の「新しいシート」⊕をクリック

　　　　▶▶▶現在開いているシートの後に新規ワークシートが追加される

◈ワークシートの移動、コピー

1. 移動やコピーしたいワークシートを選択して開く
2. 「ホーム」タブの「セル」から「書式」プルダウンメニュー→「シートの移動またはコピー」を選択

▶▶▶「シートの移動またはコピー」ダイアログ ボックスが開く

図6-2-4「シートの移動またはコピー」ダイアログ ボックス

※1.～2.はシートタブを右クリックして開くメニューからでも操作することができます。

3．移動先またはコピーしたシートを貼り付ける場所を選択（指定したシートの後ろに移動または挿入される）

4．コピーする場合は「コピーを作成する」をクリック

▶▶▶チェックボックスにチェックマークが入る

※「コピーを作成する」にチェックを入れない場合は、移動になります。

5．「OK」をクリック

▶▶▶ワークシートが移動またはコピーされる

ワークシート名の変更

1．名前を変えたいワークシートを選択して開く
2．「ホーム」タブの「セル」から「書式」プルダウンメニュー→「シート名の変更」を選択

▶▶▶シート名がハイライト表示（白黒反転）される

※1.～2.の操作はシートタブを右クリックして開いたメニューから操作することもできます。

3．シートタブに新たなシート名を入力→Enter

※名前を変えたいシートタブをダブルクリックすることで、1.～2.の操作に代えることができます。

ワークシートの削除

1．削除したいワークシートを選択して開く
2．「ホーム」タブの「セル」から「削除」プルダウンメニュー→「シートの削除」を選択

※1.～2.の操作はシートタブを右クリックして開いたメニューから操作することもできます。

操作-6　Microsoft Office 2016の操作

≫関数の入力

1. 計算結果を表示したい「セル」を選択
2. 「数式」タブの「関数ライブラリ」で「関数の挿入」 fx をクリック

▶▶▶「関数の挿入」ダイアログ ボックスが開く

図6-2-5「関数の挿入」ダイアログ ボックス

※数式バー左横の fx (「関数の挿入」ボタン) をクリックすることで2.の操作に代えることができます。

3. 「関数の挿入」ダイアログ ボックス「関数の分類」から関数の種類を、「関数名」から関数を選択→「OK」をクリック

▶▶▶「関数の引数」ダイアログ ボックスが開く

4. 「関数の引数」ダイアログ ボックスで数値欄を選択し、計算に必要なデータが入力されたセル群を選択

図6-2-6「関数の引数」の入力

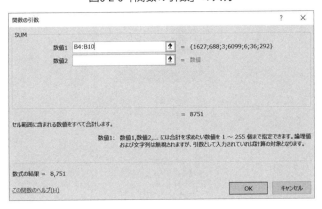

※「関数の挿入ダイアログ ボックス」で ↑ (ダイアログ ボックス縮小) ↓ (ダイアログ ボックス展開) ボタンをクリックしてダイアログ ボックスの非表示／表示を切り替え、セル選択のためにワークシ

ートを見やすくすることができます。
※キーボードで直接セル名や数式を入力することも可能です。
※合計や平均など、よく使用する関数は「ホーム」タブの「編集」や「数式」タブの「関数ライブラリ」にあるΣ「オートSUM」▼から選択して使用することができます。

≫ 主な関数

表6-2-1

関数名	処理名	関数の分類	関数の引数ダイアログ ボックスでの操作
SUM	合計	数学／三角	「数値1」に合計を求めるセルの範囲を指定
AVERAGE	平均	統計	「数値1」に平均を求めるセルの範囲を指定
MAX	最大値	統計	「数値1」に最大値を求めるセルの範囲を指定
MIN	最小値	統計	「数値1」に最小値を求めるセルの範囲を指定
MEDIAN	中央値	統計	「数値1」に中央値を求めるセルの範囲を指定
COUNT	データの個数	統計	「数値1」にデータ数を求めるセルの範囲を指定
SQRT	平方根	数学／三角	「数値」に平方根を求めるセルを指定
DEVSQ	偏差平方和	統計	「数値1」に標本または母集団のセルの範囲を指定
VAR.S[※]	標本分散	統計	「数値1」に標本のセルの範囲を指定
STDEV.S[※]	標本標準偏差	統計	「数値1」に標本のセルの範囲を指定

※母集団に対する処理の場合は、それぞれ「VAR.P」「STDEV.P」を使用します。

≫ 罫線の設定（簡易設定）

1．罫線を設定する範囲のセルを選択
2．「ホーム」タブの「フォント」から⊞▼をクリックし、開いたメニューから罫線の種類を選択

図6-2-7 罫線の種類選択

▶▶▶罫線が設定される

≫罫線の設定（詳細設定）
1．罫線を設定する範囲のセルを選択
2．「ホーム」タブの「フォント」右下端「セルの書式設定ダイアログ ボックス起動ツール」をクリック、または「ホーム」タブの「セル」から「書式」→「セルの書式設定」をクリック

図6-2-8 セルの書式設定ダイアログ ボックス起動

▶▶▶「セルの書式設定」ダイアログ ボックスが開く

3．「セルの書式設定」ダイアログ ボックスで「罫線」タブを選択

図6-2-9 セルの書式設定ダイアログ ボックス

4．罫線の種類等を設定
5．「OK」をクリック

▶▶▶罫線が設定される

≫ セルの書式設定（フォント等）

1. フォントを変更したいセルまたは文字列を選択
2. 「ホーム」タブの「フォント」「配置」…等にある各種ツールから該当するもの（文字種、サイズ、色、配置…等）を選択

図6-2-10 書式設定関連ツール

≫ CSV や Text ファイルの読み込み

1. 「ファイル」タブ→「開く」を選択

図6-2-11 ファイルを開く

2. 「開く」から「参照」をクリック

※「この PC」をクリックして表示されるディレクトリから直接任意のファイルを開くこともできます。

▶▶▶ 「ファイルを開く」ダイアログ ボックスが開く

図6-2-12 「ファイルを開く」ダイアログ ボックス

3．ダイアログ ボックスのファイルの種類（ファイル名設定枠の右側のメニュー）を「すべての Excel ファイル」から「テキストファイル（*.prn; *.text; *.csv,）」に変更
4．csv ファイルを保存している場所に移動して開きたい csv ファイルを選択し、「開く」をクリック

▶▶▶ csv ファイルがワークシートに読み込まれる

図6-2-13 読み込まれた CSV ファイルのデータ

※ text ファイルを読み込む際は、「開く」をクリックした後に「テキスト ファイル ウィザード」ダイアログ ボックスが表示されるので、その中でデータ形式や言語形式（テキストエンコーディング）を指定します。

図6-2-14 テキストファイルウィザード

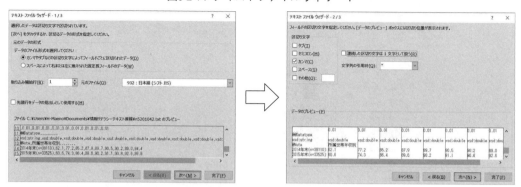

≫三項移動平均

1．元データの左端（または一番上）から２番目のセルの下（または右）にあるセルを選択

2． 1.で選択したセルに元データの左端（または一番上）から３番目までのセルの値の平均を求める

図6-2-15 三項移動平均①

	A	B	C	D	E	F
1	PCとモバイル端末利用者数	1,459	1,676	1,633	2,834	4,204
2	三項移動平均		=AVERAGE(B1:D1)			

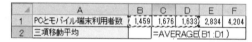

※図6-2-15の場合は、セルC2にセルB1～D1の平均を求めます。

3． 2.で平均を入力したセルを元データの末尾セルの一つ手前の下（または右）までコピー

図6-2-16 三項移動平均②

	A	B	C	D	E	F	G	H	I	J	K
1	PCとモバイル端末利用者数	1,459	1,676	1,633	2,834	4,204	4,862	6,099	5,991	6,196	6,492
2	三項移動平均		1,589								
3											

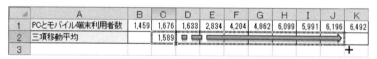

※図6-2-16の場合は、セルC2をJ2まで連続的にコピーします。

≫グラフ作成

1．グラフの元データとなる範囲のセルを選択

図6-2-17 グラフの元データ選択

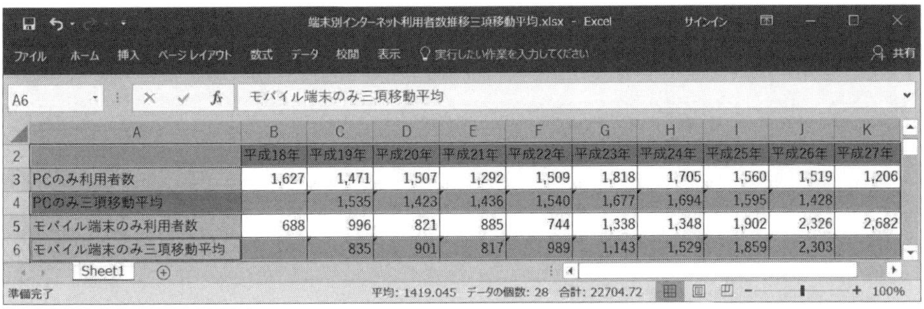

	A	B	C	D	E	F	G	H	I	J	K
2		平成18年	平成19年	平成20年	平成21年	平成22年	平成23年	平成24年	平成25年	平成26年	平成27年
3	PCのみ利用者数	1,627	1,471	1,507	1,292	1,509	1,818	1,705	1,560	1,519	1,206
4	PCのみ三項移動平均		1,535	1,423	1,436	1,540	1,677	1,694	1,595	1,428	
5	モバイル端末のみ利用者数	688	996	821	885	744	1,338	1,348	1,902	2,326	2,682
6	モバイル端末のみ三項移動平均		835	901	817	989	1,143	1,529	1,859	2,303	

2．「挿入」タブの「グラフ」から作成したいグラフの種類を選択

▶▶▶**グラフが挿入される**

図6-2-18 グラフの種類選択

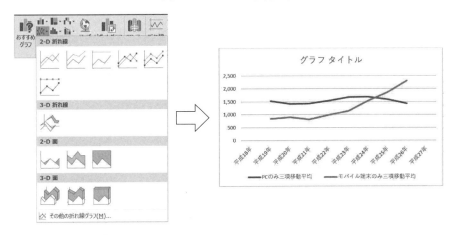

≫グラフの編集

1．作成したグラフを選択

▶▶▶**「グラフ ツール」が表示される**

2．「グラフ ツール」内「デザイン」タブの「グラフのレイアウト」「グラフ スタイル」
等でグラフの書式を変更

図6-2-19 グラフ ツール

≫グラフ書式の設定操作例

グラフを選択し、グラフ ツールが表示されている状態で以下の操作を行います。

A）軸目盛の消去

「グラフ ツール」内「デザイン」タブの「グラフ要素を追加▼」をクリックして表示されるメニューから「目盛線」→「第1主横（または縦）軸」等を選択

※目盛線がない場合は上記操作で軸目盛が表示されます。

B）軸の書式設定（軸ラベルの角度）

1．「グラフ ツール」内「デザイン」タブの「グラフ要素を追加▼」をクリックして表示されるメニューから「軸」→「その他の軸オプション…」を選択

▶▶▶「軸の書式設定」が開く

2．「軸の書式設定」で「文字のオプション」→テキストボックス🅰️を選択

図6-2-20 軸の書式設定（配置）

3．「テキストボックス」の「文字列の方向」を「横書き」にした上で「ユーザー設定の角度」を設定（図6-2-24参照）

C）凡例の消去

「グラフ ツール」内「デザイン」タブの「グラフ要素を追加▼」をクリックして表示されるメニューから「凡例」→「なし」を選択

※グラフエリア内の凡例を右クリックして表示されるコンテキストメニューから「削除」を選択するか、凡例を選択した状態でキーボードの Delete を押すことによっても、凡例を消去できます。

D）軸ラベル名の設定

1．「グラフ ツール」内「デザイン」タブの「グラフ要素を追加▼」をクリックして表示されるメニューから「軸ラベル」→「第1横軸（または縦軸）」を選択

▶▶▶グラフエリアに軸ラベルが表示される

2．軸ラベル名を入力

※表示された軸ラベル名は軸ラベルをドラッグして場所を移動したり、軸ラベルをダブルクリックし

て表示される「軸ラベルの書式設定」で書式を変更したりできます。

E）グラフタイトルの設定

1．「グラフ ツール」内「デザイン」タブの「グラフ要素を追加▼」をクリックして表示されるメニューから「グラフタイトル」→配置方法を選択

▶▶▶グラフエリアにグラフタイトルが表示される

2．グラフタイトルを入力

F）グラフタイトルや軸ラベル等の文字列書式設定

1．書式を変更したい項目の文字列を選択
2．選択した文字列近くに表示される「ミニ ツール バー」で該当する項目を選択、または「ホーム」タブの「フォント」から該当する項目を選択して設定

図6-2-21 ミニ ツール バー

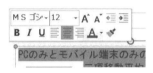

≫ヒストグラムの作成

1．作成した棒グラフの棒の一つ（項目要素）を右クリックして開いたコンテキストメニューから「データ系列の書式設定…」を選択（またはダブルクリック）

▶▶▶「データ系列の書式設定」が表示される

2．「データ系列の書式設定」で「系列のオプション」■を選択
3．「系列のオプション」の「要素の間隔」を「０％」に設定

図6-2-22 要素の間隔設定

4．「データ系列の書式設定」で「塗りつぶしと線」を選択

5．「枠線の色」等を指定

図6-2-23 枠線の色設定

▶▶▶棒グラフの棒（項目要素）どうしの間隔がなくなり、ヒストグラムの書式に変更される

図6-2-24 ヒストグラム作成例

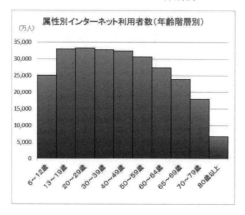

≫ブックの保存

A）名前を付けて保存

1．「ファイル」タブをクリック→「名前を付けて保存」をクリック
2．以下のすべての項目を設定

> ・ファイルの種類
> ・保存先
> ・ファイル名

3．保存先を新たに指定する場合は「参照」をクリック

▶▶▶「名前を付けて保存」ダイアログ ボックスが表示される

図6-2-25「名前を付けて保存」ダイアログ ボックス（保存先指定）

4．「保存」ボタンをクリック

B）上書き保存

「ファイル」タブ→「上書き保存」を選択

6-3　MS PowerPoint 2016

≫ MS PowerPoint の起動

「スタート」メニューから「PowerPoint 2016」を選択

※ PowerPoint 2016がスタート画面にピン留めされている場合は、そのアイコンをクリックして起動することもできます。

≫ スライドのデザインの設定

「デザイン」タブの「テーマ」から任意のテーマを選択

▶▶▶スライドのデザインが変更される

※ USB メモリ等、他の場所に保存されているテーマを使用する場合は、「デザインタブ」の「テーマ」右下にある「その他」▼をクリックして開いたテーマ下部の「テーマの参照…」から設定を行います。

265

図6-3-1　その他から開いたテーマ

≫タイトルスライドの作成

1．「ダブルタップしてタイトルを追加」と表示されているタイトル用の枠にタイトルを入力

図6-3-2　タイトル入力

※この枠のことを「プレースホルダ」と呼びます。

2．「ダブルタップしてサブタイトルを追加」と表示されているサブタイトル用のプレースホルダ内にサブタイトルを入力（省略可）

≫スライドの挿入

1．「ホーム」タブの「スライド」から「新しいスライド」をクリック

▶▶▶**新たなスライド画面が挿入される**

※新たなスライドは、現在開いているスライドの一つ後ろに挿入されます。
※「新しいスライド」の▼をクリックして表示されるテーマ一覧の中の任意のレイアウトを選択して、新たにスライドを挿入することができます。

≫スライドのレイアウト

1. レイアウトを変更したいスライドを表示
2. 「ホーム」タブの「スライド」から「レイアウト」を選択

▶▶▶レイアウトの一覧が開く

図6-3-3 スライドのレイアウト

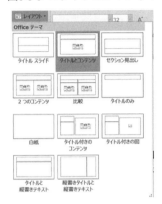

3. レイアウトの一覧から任意のレイアウトを選択

▶▶▶スライドのレイアウトが変更される

≫テキストの入力

1. 「ダブルタップしてテキストを追加」と表示されているテキスト用のプレースホルダ内をクリック
2. 文章を入力

図6-3-4 箇条書きテキストの入力

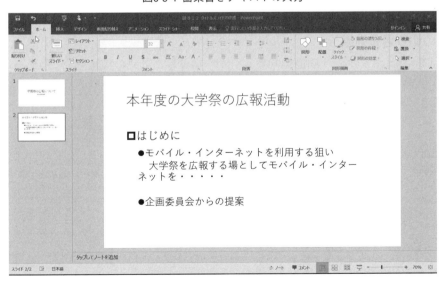

≫図版の挿入

「挿入」タブの「画像」「図」等から任意の項目を選択

※「オンライン画像」の場合は「画像の挿入」ウィンドウから任意の画像を検索した上で選択して挿入します。「画像」の場合は開いた「図の挿入」ダイアログから任意の画像ファイルを選択して挿入します。

※スライドにコンテンツ用のプレースホルダを含むレイアウトを設定し、表示されたコンテンツホルダから任意の種類の図版を選択して挿入することが可能です。

※動画や音声の挿入は、「挿入」タブの「メディア」から、またはプレースホルダから任意の項目を選択し、使用したいファイルを開きます。

図6-3-5　図版の挿入

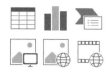

≫スライドの一覧表示

「表示」タブの「プレゼンテーションの表示」から「スライド一覧」を選択

▶▶▶スライドがサムネイルで一覧表示される

※スライド一覧やアウトライン、サムネイルでスライドのサムネイルをドラッグすることにより、提示順序を入れ替えることができます。

≫スライドの削除

スライドのサムネイルで右クリックして開いたコンテキストメニューから「スライドの削除」を選択

≫画面の切り替え効果

「画面切り替え」タブの「画面切り替え」から切り替え効果の種類を、「タイミング」で切り替え時間等を選択

▶▶▶スライドに画面の切り替え効果が設定される

※「画面切り替え」タブの「画面切り替え」ギャラリー・スクロールバー下にある「その他」▼をクリックして開くウィンドウから、効果をより見やすく分類された状態で選択することができます。

図6-3-6「画面切り替え」一覧

※各スライド内の文字や画像の表示などに関するアニメーションは、「アニメーション」タブの「アニメーションの詳細設定」から「アニメーションの追加」を選択して開くアニメーションの種類を選んで設定します。

≫プレゼンテーション（スライドショー）の開始

「スライドショー」タブの「スライドショーの開始」から任意の表示方法を選択

画面全体にスライドが表示され、スライドショーが開始される

図6-3-7「スライドショー」タブ

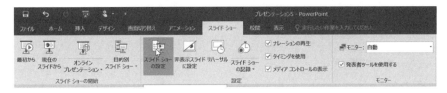

※「スライドショー」タブの「設定」からスライドショーに関する詳細な設定やリハーサルの設定を行うことができます。
※表示を次のスライドに切り替えるには、マウスをクリックするか、キーボードから スペース → 等のキーを押します。
※プレゼンテーションを途中で終了するには、キーボードから esc を押します。

≫配布資料の作成

1．「ファイル」タブ→「印刷」を選択
2．「設定」から「配付資料」と1ページに表示するスライドの枚数等を設定

図6-3-8「ファイル」タブの「印刷」における配付資料設定

3．「印刷」ボタンをクリック

▶▶▶印刷が開始される

≫プレゼンテーションの保存

A）名前を付けて保存

1．「ファイル」タブ→「名前を付けて保存」を選択
2．以下のすべての項目を設定

> ・ファイルの種類
> ・保存先
> ・ファイル名

3．保存先を新たに指定する場合は「参照」をクリック

▶▶▶「名前を付けて保存」ダイアログ ボックスが表示される

B）上書き保存

「ファイル」タブ→「上書き保存」を選択